intensive BEYROUTH

YOUSSEF TOHME

NORMA
ÉDITIONS

contents

sommaire

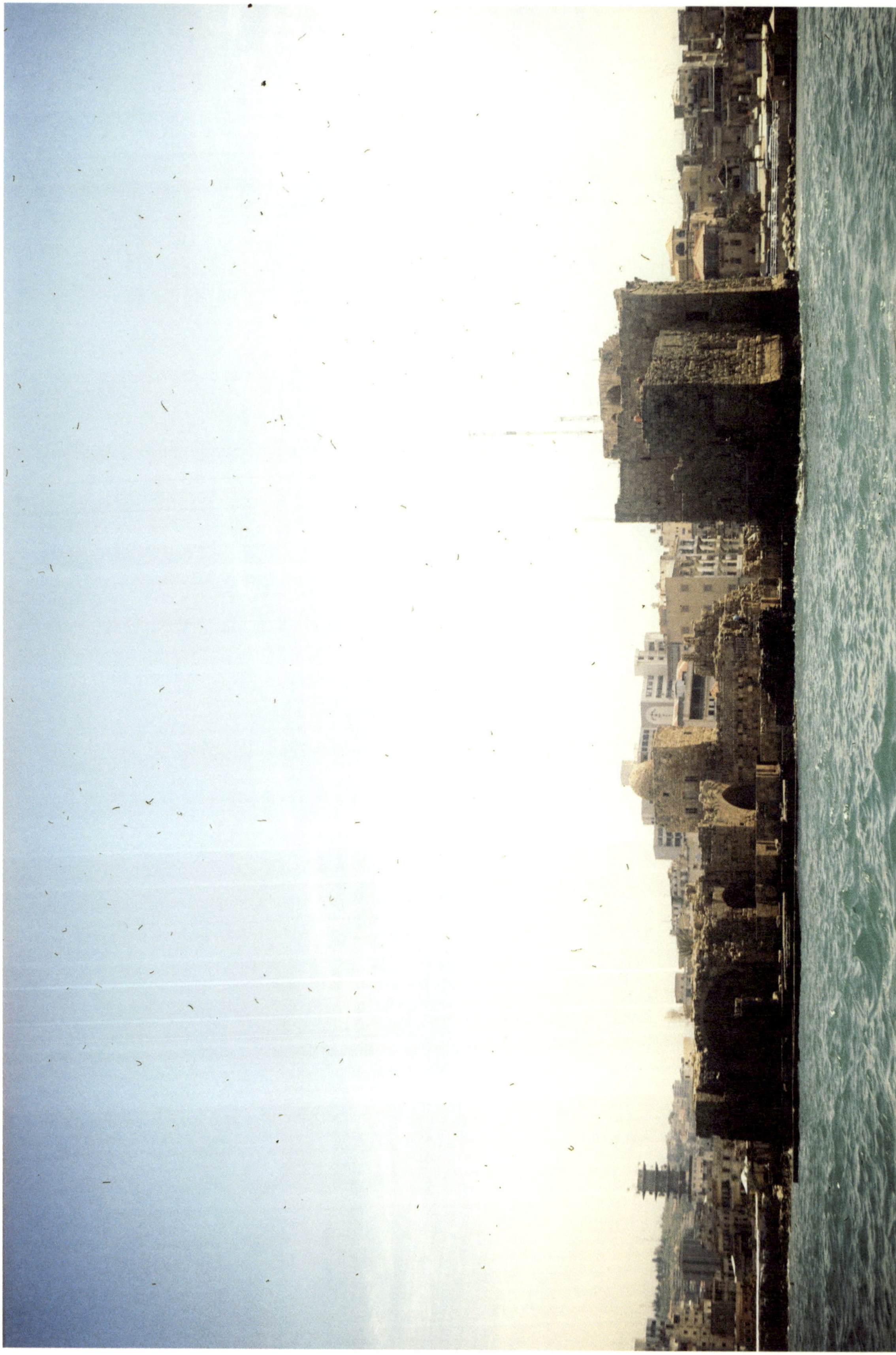

Ziad Antar

Un regard inversé... De Saïda à Beyrouth

A gaze from the horizon... From Saïda to Beirut

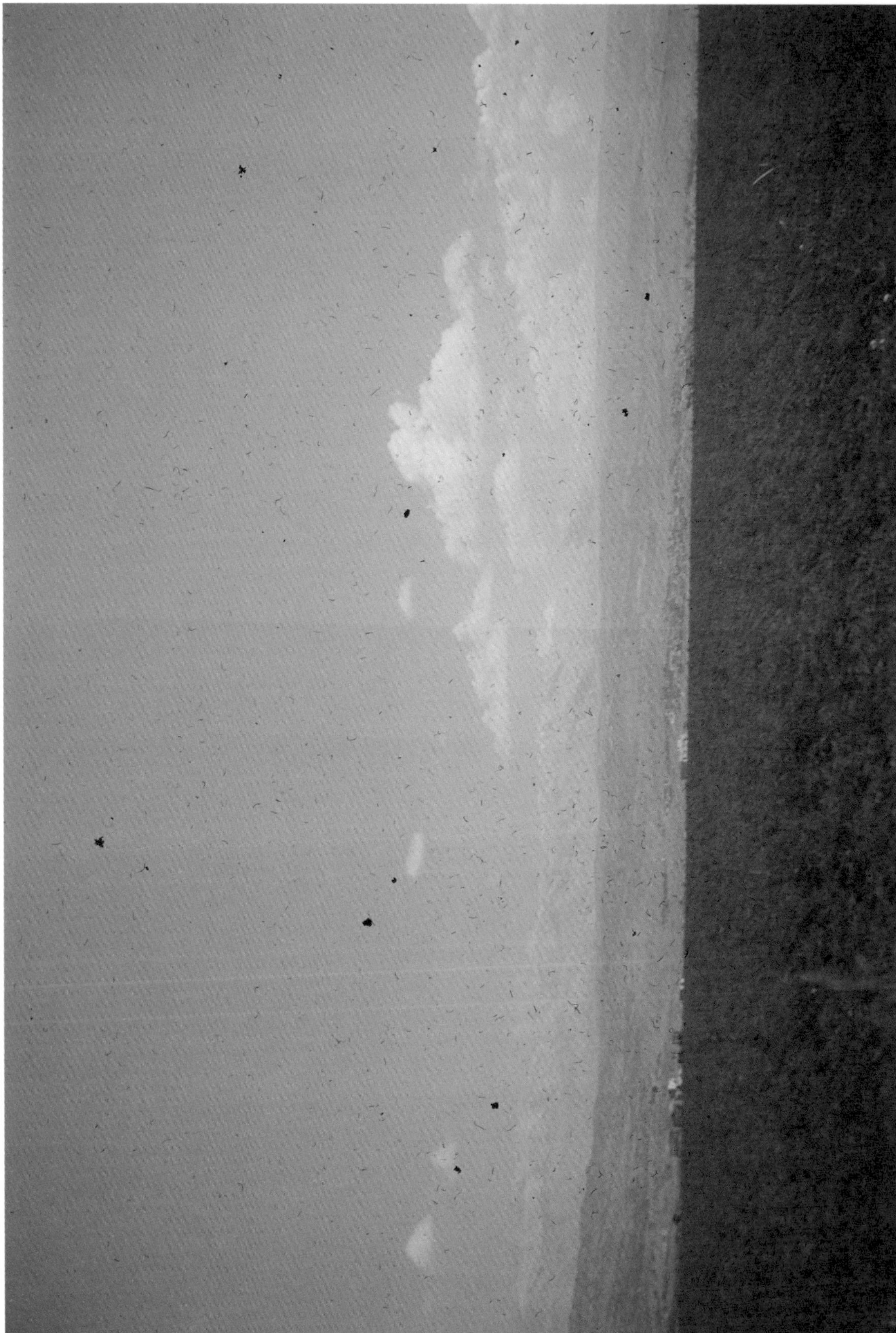

Beyrouth est une ville où les monuments ne peuvent exister. Son expérience est celle d'une connaissance diffuse, une expérience intangible qui échappe sans cesse à la mémoire. Il vous en reste une pensée : l'idée d'une ville, de son énergie, de ses subtilités… et une fiction créée par votre imaginaire avant même de l'avoir vécue. Z.A.

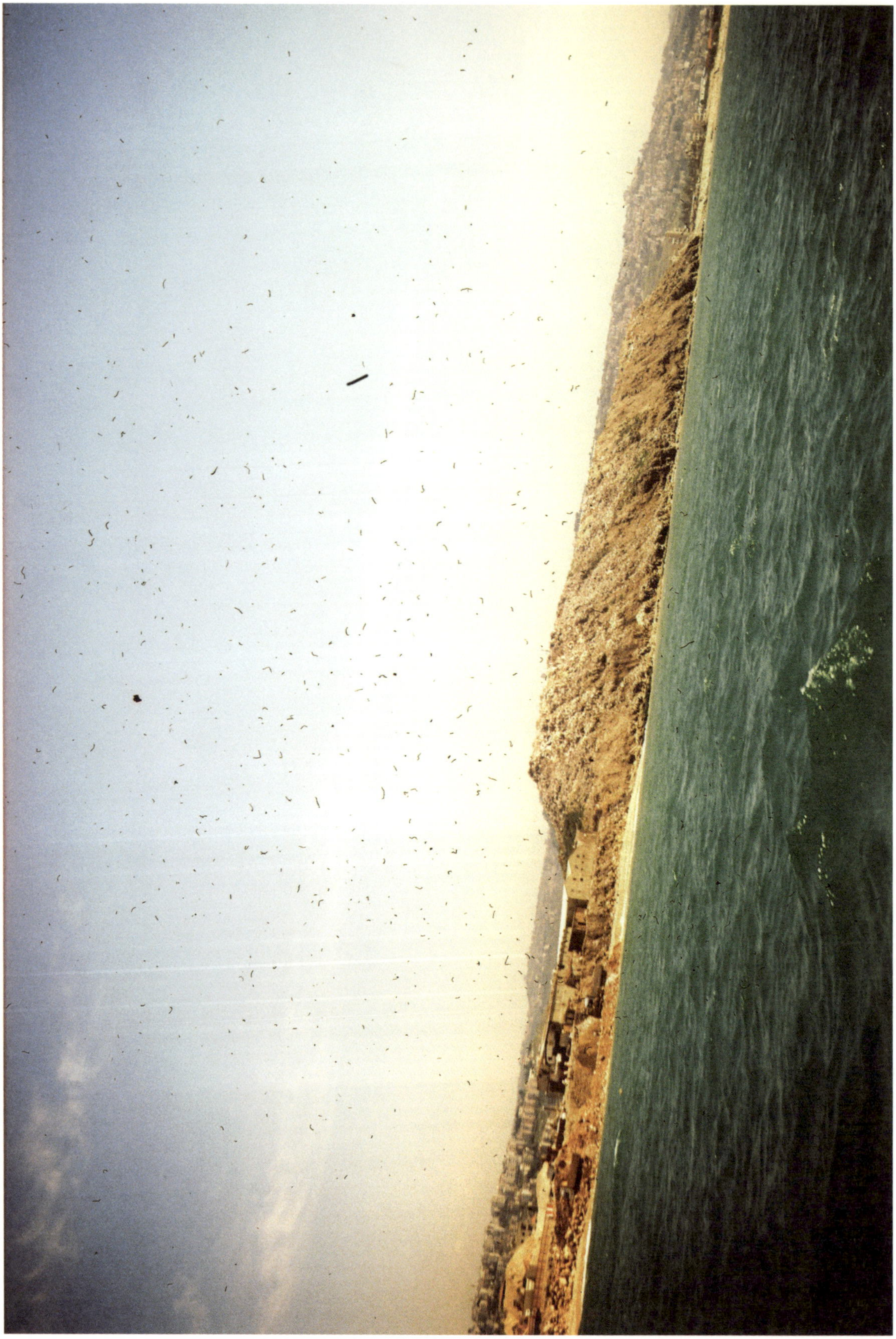

Beirut is a city where monuments cannot thrive.
It is experienced in the form of a blurred knowledge.
One that keeps escaping the memory, that lacks
the tangible, the concrete... What it leaves you with is a
thought; an idea of a city, its vibrancy, its intricacies...
and a fiction of it you once created in your imagination
before you even encountered it. Z. A.

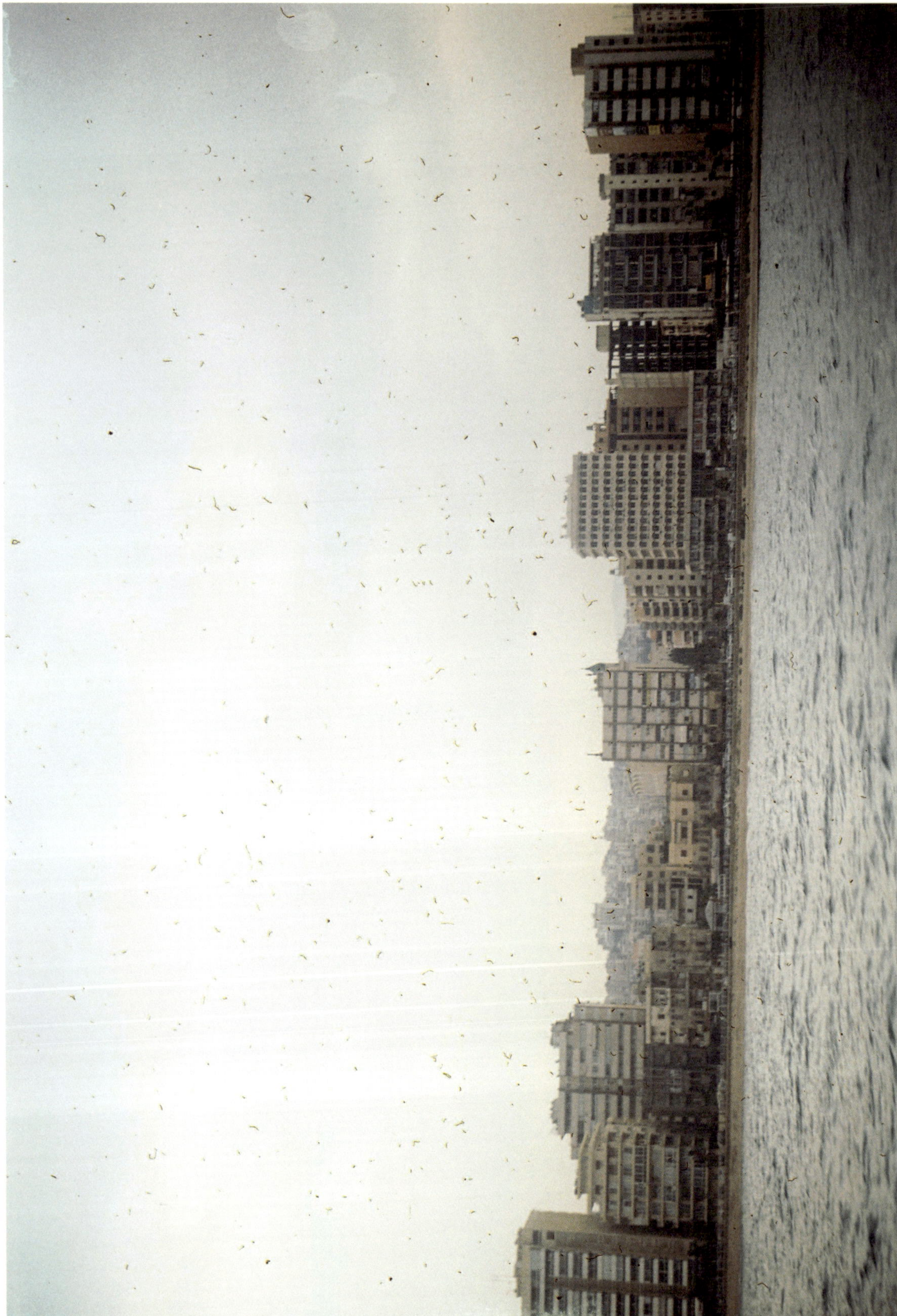

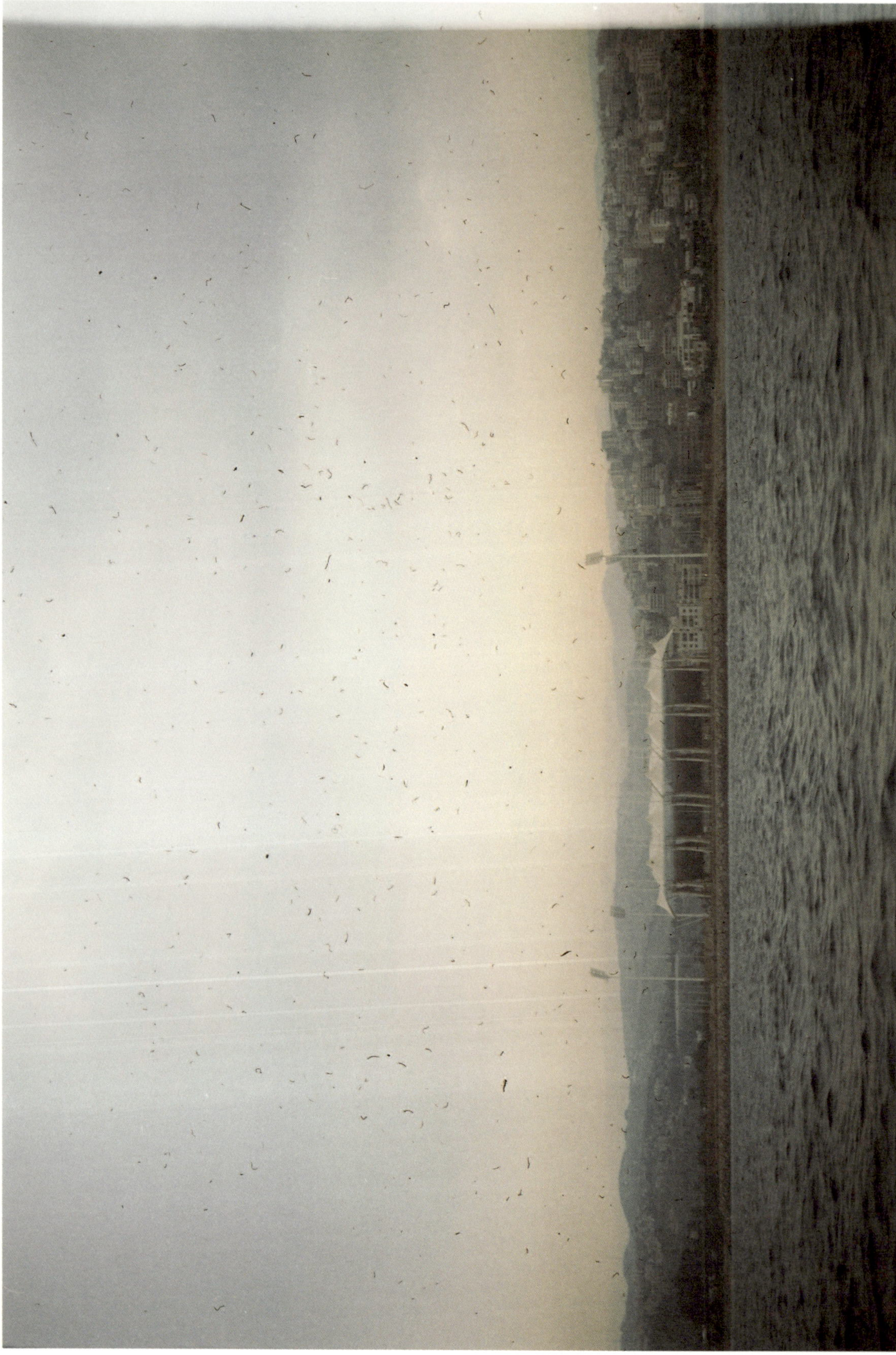

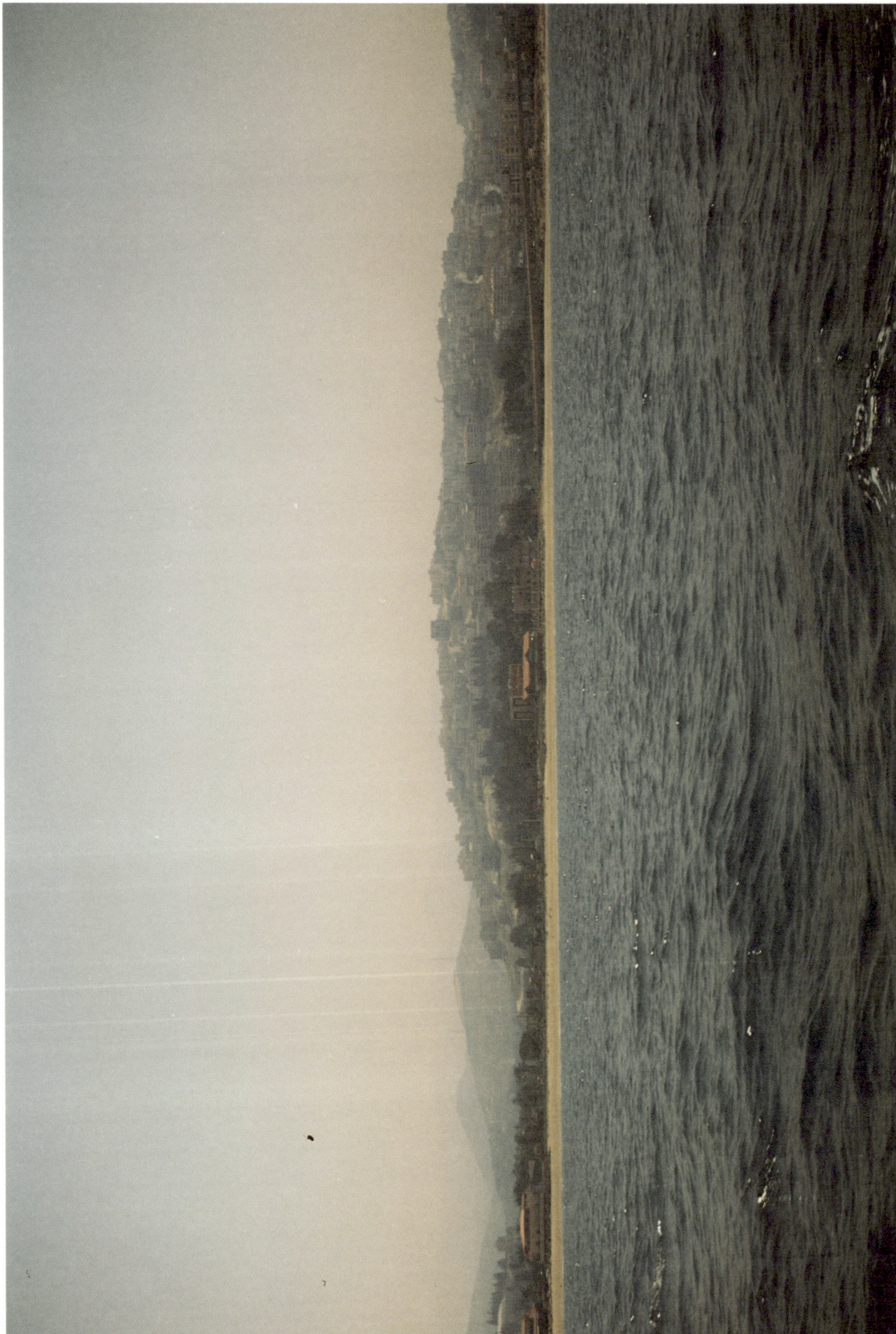

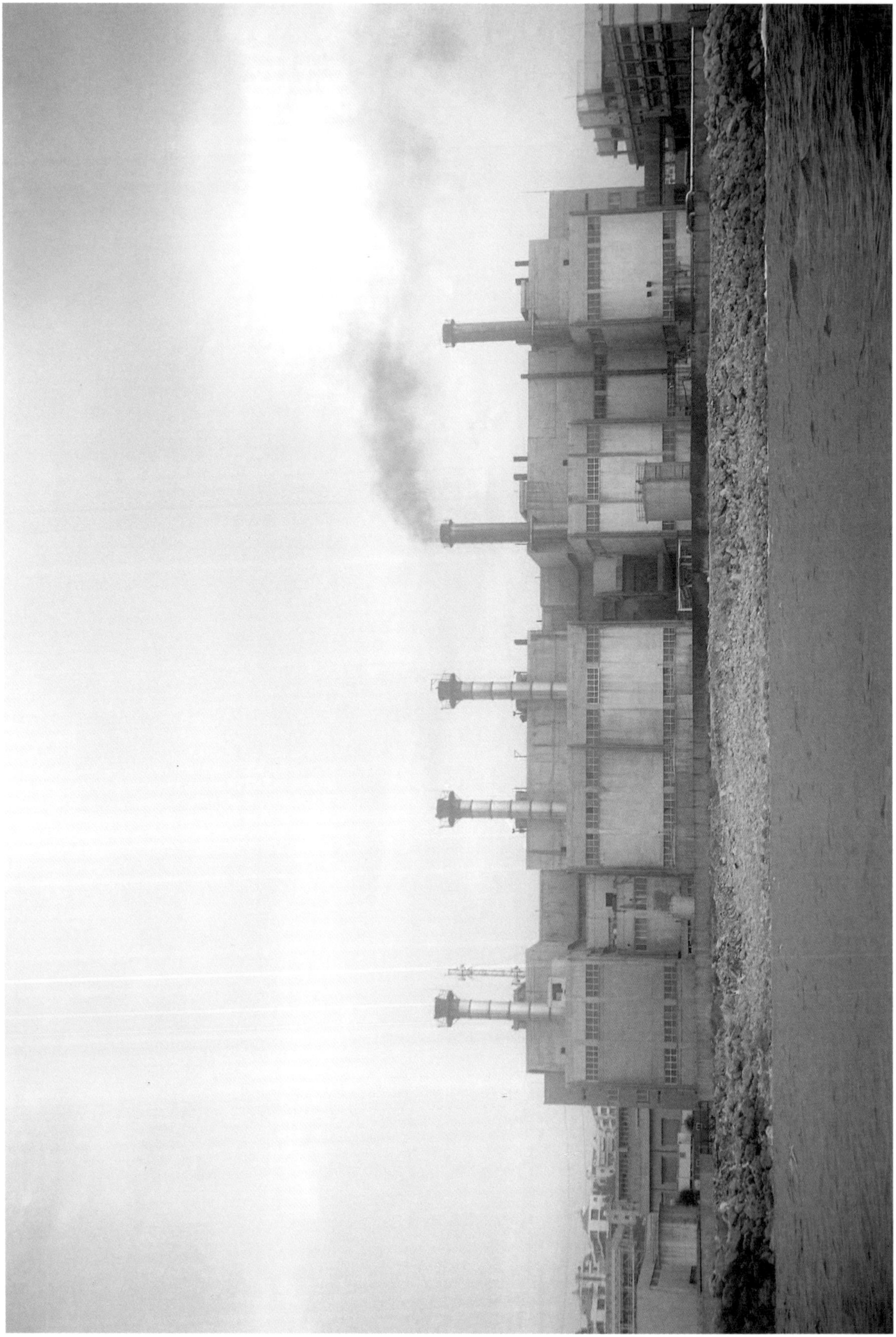

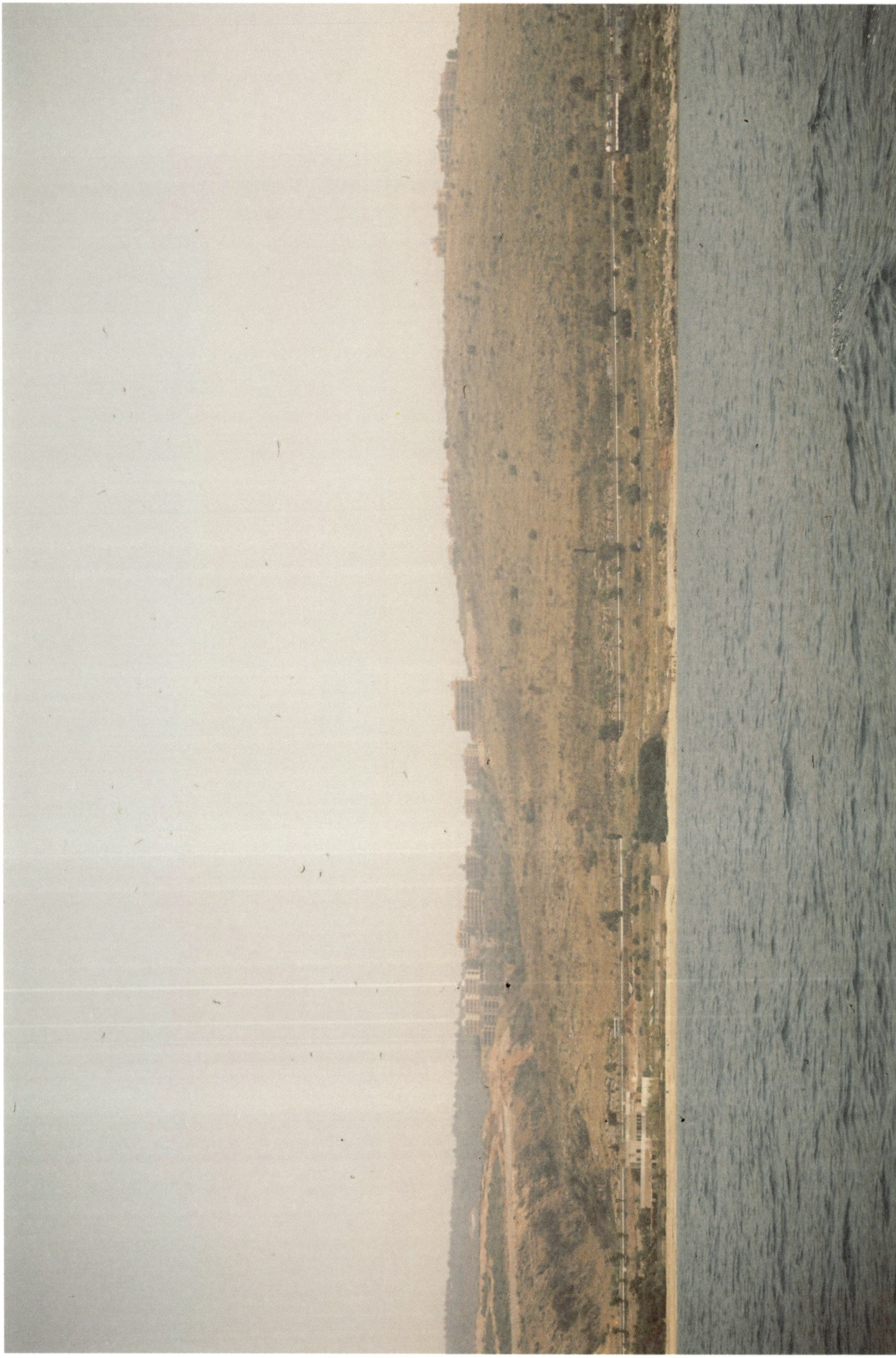

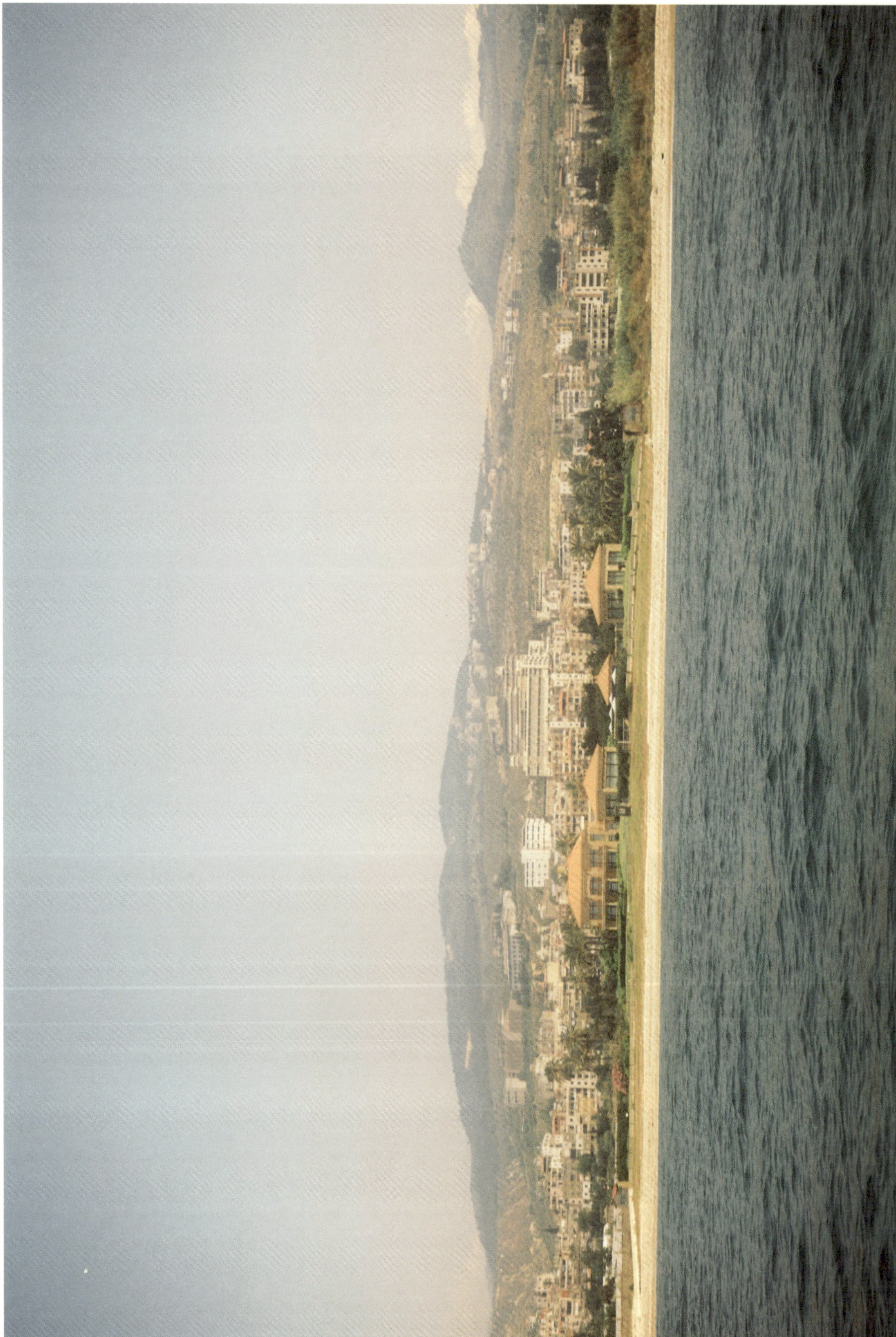

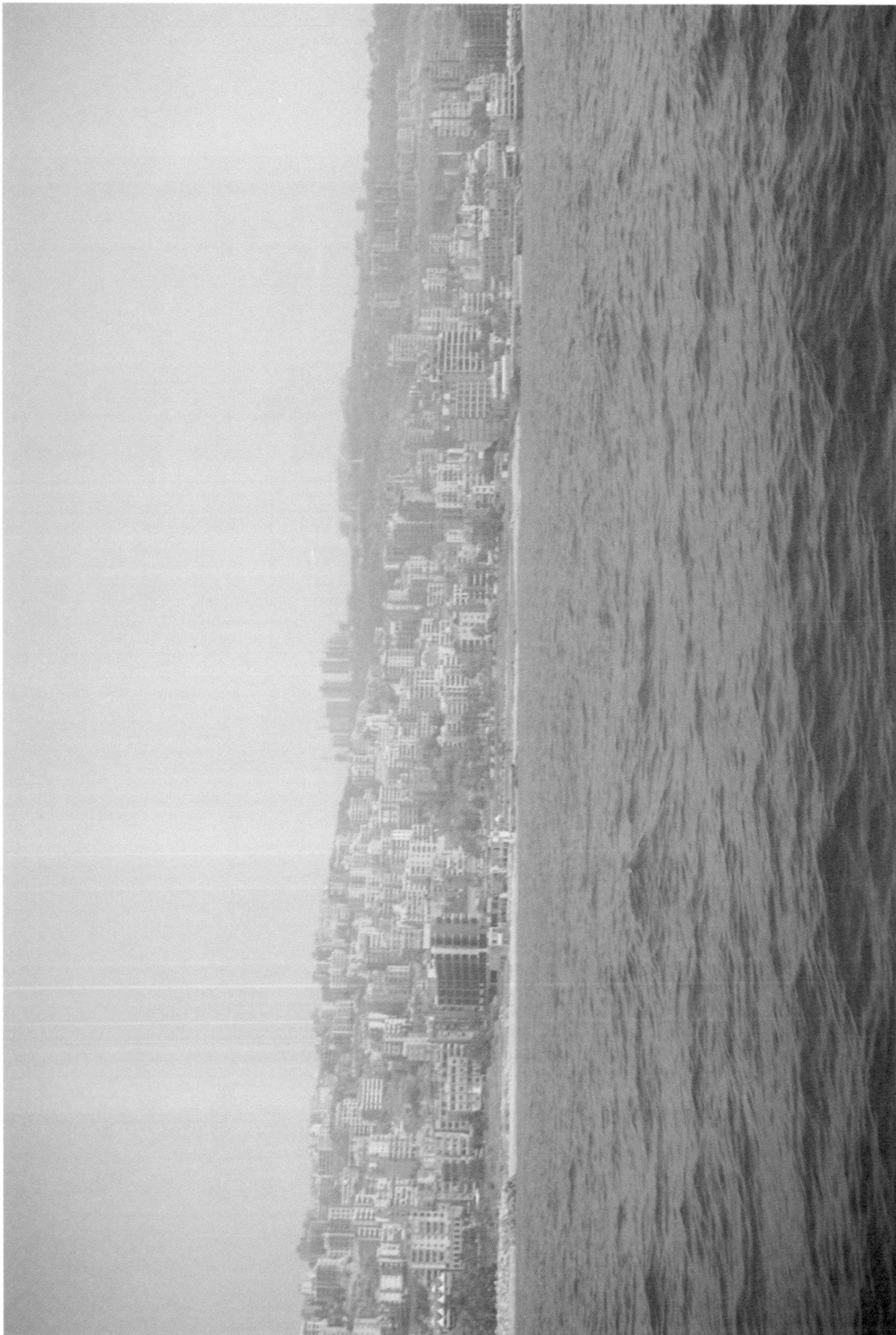

Structures d'horizons
Structuring the horizon

Texte de Karine Dana issu de conversations avec Youssef Tohme
Text by Karine Dana, based on interviews with Youssef Tohme

La ville de Beyrouth regorge de situations équivoques, rythmées, trépidantes, contradictoires, mystiques, violentes, fragiles. Et en quelques minutes, il est possible de s'abstraire de tout. Du bruit du monde, de la saturation. La force géographique est sans doute le plus important patrimoine du pays.

Parler du Liban actuel revient à évoquer les successions de séquences hétérogènes qui constituent son territoire et, conséquemment, l'importance du système émotionnel qui relie les habitants.

En quelques coups de volant, nous pouvons basculer d'une société laïque techno-fun à une société ultra-religieuse. Nous vivons au cœur d'un enchaînement de ruptures. Ces variations d'intensité quotidiennes interdisent d'exclure le monde des émotions. Cette donnée est fondamentale. Les discontinuités physiques, culturelles et sentimentales entraînent des changements de plans incessants. D'une certaine manière, cela conditionne nos aptitudes à la transformation et à l'adaptation du regard. Nous devons transformer pour survivre : être toujours prêts et armés pour la métamorphose. Il en va de la conservation des existences.

Avec une réelle intelligence de l'immédiateté, la société libanaise se modifie et, corrélativement, flotte le pouvoir de Dieu, contraire à toute logique d'instantanéité. Ces deux temporalités extrêmes cohabitent, plus ou moins innocemment.

Le monde de la composition n'est pas invité à Beyrouth, où il est question de multitudes de fragments rapprochés et de confrontations d'imaginaires. Quand la guerre a eu lieu, entre 1975 et 1990, les habitants ont quitté les villes et se sont abrités dans les banlieues ou les montagnes. Les régions épargnées par la guerre ont donc été très densifiées. De manière anarchique, des constructions sauvages ont essaimé sans aucune prise en compte du contexte social ou géographique. Par ailleurs, les chefs de partis ont ordonné de nouvelles voies routières afin de relier leur village aux villes à proximité, ou encore à un lieu saint. Des tentacules inattendus coupent ainsi le réseau principal sans logique apparente.

The city of Beirut is brimming with ambivalent, rhythmic, hectic, contradictory, mystical, violent, and fragile situations. Yet, in just a few minutes, it is possible to distance oneself from everything, from the noise of the world, from the saturation. The country's most powerful heritage is undoubtedly its geography.

To speak about today's Lebanon is to evoke a series of heterogeneous sequences comprising its territory and, consequently, to evoke the importance of the emotional system that links its habitants.

With just a few turns of the steering wheel, we can shift from a secular techno-fun society to an ultra-religious one. We live at the center of a series of related ruptures. These variations in everyday intensity make it impossible to exclude emotion from the world. This given is essential. Physical, cultural, and sentimental discontinuities lead to constant changes in plans. In a way, this conditions our aptitude for transforming and adapting our point of view. We must constantly transform ourselves to survive, always be ready and prepared for metamorphosis. It is a question of the conservation of existences.

Whereas Lebanese society, with its genuine intelligence of immediacy, is constantly changing; in contrast, and contrary to the logic of instantaneity, the influence of God is immutable. These two extreme temporalities cohabitate more or less innocently.

The world of composition has not been invited to Beirut, a city made up of a multitude of fragments, in a jumble, with constant confrontation between imaginations.

During the war, between 1975 and 1990, Lebanon's inhabitants left the city to seek shelter in the suburbs and the mountains. Regions spared by the war became increasingly denser. Uncontrolled, haphazard construction spread rapidly, with no attention paid to the social or geographic context. In addition, the leaders of the various parties ordered the construction of new roads to link their villages to nearby cities and to holy places, and these cut unexpectedly across the main road network without any apparent logic.

Le commerce s'est développé principalement le long des routes, aménagé dans des constructions autonomes – des « centres » –, regroupant magasins et programmes de loisirs. Étant donné ces déploiements, la voiture occupe une place prépondérante, et l'autoroute de Dora marquant l'entrée et la sortie de Beyrouth est particulièrement emblématique de cette dynamique. Elle relie toute la côte et constitue un dispositif urbain linéaire et ouvert très privilégié pour saisir l'organisation du territoire. Telle une expérience inédite de la continuité.
Le long de cette autoroute se succèdent des bâtiments, alignés et montés sur plots, issus d'opérations immobilières aléatoires. Si certains étaient au fondement destinés à accueillir des logements, ils se voient alors transformés en immeubles de bureaux, climatisés puis occultés derrière des images publicitaires qui, par leur démesure, ont valeur de land art. Aussi est-il fréquent que le cliché soit décomposé sur deux édifices. La totalité du message étant restitué par l'œil du conducteur dont le véhicule est en mouvement. Cette autoroute présente un axe clair pour comprendre comment la société se joue et se transforme, comment l'acte de faire et défaire permet de se déprendre ou d'intégrer ce qui nous arrange. Une bonne démonstration que toute situation n'est jamais qu'un état provisoire au Liban.
Le mode d'engendrement du territoire par « collage » et opportunité est une conséquence de la guerre. Au-delà d'atrophier le pouvoir de l'État, la guerre a rendu souveraine toute initiative individuelle. Un phénomène politique et économique très précis, qui perdure aujourd'hui.

Commerce mainly developed along these roads, set up in "centers," grouping stores and leisure facilities. This haphazard suburban growth has meant that cars have become the dominant means of transportation, with the Dora highway, which marks the entrance to and the exit from Beirut, particularly emblematic of this dynamic of sprawl. It links the entire coast, in a linear and open urban system that enables the inhabitants to grasp the otherwise haphazard layout of urbanized areas, in what is really a unique experiment with continuity.
A series of buildings follows this freeway, aligned and mounted on platforms, resulting from random real estate development projects. Though some were originally intended as apartment houses, they have all been transformed into air-conditioned office buildings hidden behind advertising billboards whose massive size confirms their value as Land Art. Often, the image of the ad is in two parts on two different façades. The message as a whole is recomposed by the eyes of drivers passing by. This freeway provides a clear axis for understanding how Lebanese society develops and transforms, how the act of making and unmaking enables us to pick and choose whatever suits our purpose. It is a good example of the fact that any situation in Lebanon is never more than a temporary state.
This way of turning the landscape into a "collage" and an opportunity is a consequence of the war. In addition to causing atrophy of the state, the war put individual initiative in charge. This very specific Lebanese political and economic phenomenon continues to this day.
Under these circumstances, the question of the built and geographic patrimony was of course completely sidelined. Despite a coastline of 250 kilometers, the sea is now almost invisible. Entire patches of the mountain have been swallowed up. Since the "end" of the war, this runaway urban development has continued nonstop.
In Beirut in the 1990s, in more or less direct relation to this situation of total abandonment of any sort of planning, the development project known as Solidere [the French acronym for Lebanese Company for Development and Reconstruction] was initiated by the late

Dans ces circonstances, la question du patrimoine bâti et géographique a bien sûr été évacuée. On ne voit presque plus la mer, qui court pourtant sur 250 kilomètres. Des pans entiers de la montagne sont entièrement désagrégés. Depuis la « fin » de la guerre, nous n'avons cessé de donner cours à cet urbanisme aveugle.
En relation plus ou moins directe avec cette situation d'abandon de tout dessein : le projet d'aménagement Solidere [Société libanaise pour le développement et la reconstruction] initié par feu Hariri dans les années 1990 à Beyrouth. Toujours en place, cette vaste opération de démolition-reconstruction du centre-ville s'est appuyée à ses débuts sur une volonté de tenir une représentation composée de la ville et sur un grand nombre de signes culturalistes tels qu'aurait pu les définir l'Occident. La violence de l'orientalisme a été très grande. Au nom de la défense du patrimoine et de la mémoire, ont été construits par endroits des pastiches pour façonner une image fantasmée d'un Beyrouth d'avant guerre. Or, le débat en architecture au Liban s'est précisément bloqué du fait de l'importation des symboles et du culte voué à l'image. Beaucoup de cabinets d'architecture anglo-saxons se saisissent d'ailleurs de cette faille et saupoudrent leur travail de références orientales censées nous séduire.
En dehors du territoire rattaché à Solidere, une grande partie du pays s'est développée de manière frénétique, comme si nous avions voulu combler un « retard » vis-à-vis du reste du monde. Cette attitude a été très favorable à la mondialisation. Nous avons introduit massivement des modèles exogènes, et à aucun moment nous n'avons remis en cause leurs sources. Nous nous sommes mis en position d'acculturation d'une certaine manière. Cette observation mérite d'aller plus loin dans le temps et d'interroger l'importation du mouvement moderne au Liban. Comme dans nombre de pays de la Méditerranée, les habitants ne croyaient pas en l'homme moderne. Nous n'avons pas fondamentalement été touchés par la modernité. Pour être très schématique, nous pourrions dire que la science n'a pas remplacé Dieu ! L'architecture moderne a ainsi été comprise par la plupart des

Hariri. Still in place, this vast operation of development and reconstruction of the city center initially relied on the will to hold together a composed representation of the city and on a great number of cultural signs as they might have been defined by Westerners. The violence of this orientalism was tremendous. In the name of defending cultural heritage and memory, in many places pastiches were built to create a fantasy view of pre-war Beirut. However, any sort of debate about the function of architecture in Lebanon has been muzzled by the wholesale importation of symbols and the cult of the image. Many American and British architecture firms seized upon this weakness and liberally sprinkled their designs with supposedly seductive oriental references.
Outside the areas specifically zoned for Solidere, a large part of the country has undergone a frenzy of development, as if we wanted to catch up on a "backlog" in relation to the rest of the world. This attitude was highly favorable to globalization. We introduced exogenous templates on a massive scale, and never even once questioned their origins. In a way, we placed ourselves in a position of cultural absorption.
This observation deserves further investigation over time, and requires us to question the importation of the modernist movement to Lebanon. As is the case with a number of Mediterranean countries, the country's inhabitants did not believe in modern man. We have not been touched by modernism in a deep and meaningful way. Very schematically, we could say that, here, science has not replaced God! This is why modern architecture has been understood by most Lebanese as involving nothing more than a simple issue of formal intentions. There has indeed been a misunderstanding.

Libanais comme relevant d'un simple enjeu d'intentions formelles. Il y a eu méprise...
Je regrette que la construction mentale du Liban ne s'opère qu'à travers des interprétations provenant d'autres pays. Ne peut-on tenter de savoir qui nous sommes, de l'intérieur ? Il manque un contre-pouvoir intellectuel qui contribuerait à repenser l'architecture, la ville, la religion et le politique. Mais les « auteurs » ne sont absolument pas pris au sérieux au Liban. Ils sont maintenus au rang d'électrons libres. Demeure le pouvoir des classes politiques qui puisent leurs forces en Occident, en Arabie Saoudite ou en Iran.
Compte tenu de cette absence de débat d'idées, ce qui motive l'acte de construire est essentiellement d'ordre managérial. Les maîtres d'ouvrage ne pensent pas en termes d'architecture mais de besoins à gérer dans l'immédiat. « J'ai trois enfants, je veux trois étages auxquels deux seront ajoutés pour me permettre de rentabiliser les trois premiers. » Le foncier représente la valeur sûre, et les très faibles possibilités d'extension du territoire participent de cette pression. L'architecte n'est donc pas souvent une figure légitime et se retrouve dans bien des cas en position d'œuvrer pour des promoteurs. Et pour nombre de ces derniers, l'architecture se résume à des questions d'habillage de façades plus ou moins directement inspirées de la maison libanaise traditionnelle avec ses trois arcades et son toit en tuile.
Le patrimoine historique bâti continue d'être sacrifié, car le foncier a une valeur absolue. La conscience de la destruction intempestive de tout bien construit due à l'omniprésence de la guerre profite au libéralisme économique... Être propriétaire d'un immeuble classé est vécu à Beyrouth de manière catastrophique, cela signifie que l'on ne pourra rien en faire !
La politique de densification brutale opérée dès les années 2000 a également participé à étouffer l'idée de patrimoine architectural. Les développeurs détruisent des bâtiments existants pour construire des tours, ou jumellent des terrains pour monter encore plus haut. Le problème tient notamment au fait que ce saut d'échelle n'a été appuyé d'aucune vision claire au plan territorial. Et tant que l'on n'aura pas décidé de préserver la relation à la mer et de diminuer fortement le rythme de construction sur les

I regret that the mental construction of Lebanon is only developing through the filter of interpretations coming from elsewhere. Can we not attempt to know who we are, from inside the country? We lack an intellectual counterweight that could contribute to a full rethinking of architecture, the city, religion, and politics. But, in Lebanon, "writers" are not at all taken seriously. They are labeled as free radicals. There is still the power of the political classes, which draw their power either from the West, from Saudi Arabia, or from Iran.
Given the absence of any discussion of ideas, the main driver of construction is essentially managerial in nature. Developers do not think in terms of architecture, but rather about meeting immediate needs. "I have three children. I want three floors with two more added on top that I can rent to pay off the other three." Real estate represents a reliable investment, and the very limited possibilities of expanding buildable areas only exacerbates this pressure. Architects are not very often seen as a legitimate participant in the process, and quite often find themselves in the position of being little more than an employee of developers. And for many of the latter, architecture is merely a question of the decorative cladding of façades, more or less directly inspired by the traditional Lebanese house, with its three arches and tile roof.
The built historic heritage continues to be sacrificed because real estate has an absolute value. The awareness of the indiscriminate destruction caused by the omnipresence of the war laid the groundwork for the development of economic liberalism... To own a building that has been listed as a historic landmark in Beirut is considered a catastrophe: "Now we cannot touch anything!"

montagnes, il sera très difficile d'accepter la densification de Beyrouth.
Dans le quartier historique d'Achrafieh, malgré le fleurissement des tours, demeure encore une ambiance de village. Cela constitue un patrimoine vivant. Mais comment protéger une ambiance ?
Les changements importants liés à l'explosion des plafonds de hauteur autorisée ont déstabilisé l'économie et les manières de vivre à l'intérieur des quartiers traditionnels. Tout à coup, le rapport au ciel, au sol, à la lumière et donc aux personnes s'est modifié. Ce bouleversement implique aujourd'hui de réfléchir à d'autres manières de vivre et de s'isoler, notamment à la verticale. En profitant, par exemple, de profonds espaces extérieurs, l'habitant peut se protéger de la chaleur et des inconvénients liés à la densité, tels que le bruit et la promiscuité.
Mais l'architecture est en sursis à Beyrouth : toute construction est appelée à disparaître.
J'ai le sentiment qu'à travers ces phases de mutation, nous tendons à perdre notre rapport à l'autre et notre lien au paysage. Ce détachement est très lisible à travers les réglementations qui prônent des qualités d'« intégration ». Pour bâtir en montagne par exemple, il nous est imposé de construire en parements de pierre avec une toiture en tuile tout en autorisant à élever l'édifice sur quatre ou cinq étages !
Il est temps de repenser le contexte selon notre manière de nous ouvrir les uns aux autres et de nous lier au territoire. Il faut se méfier des simplifications culturelles : nous avons connu la guerre à cause des signes et des identités.
En ville également, la question de la mitoyenneté devrait intéresser le droit et la manière de se relier à l'autre, interroger de nouveaux modes de vie, des possibilités de fabriquer du calme, de la solitude malgré les tensions urbaines. Il faudrait penser un règlement en ce sens : dans son pouvoir à nous faire entrer en conversation.

The policy of brutal densification pursued during the 2000s also did a lot to stifle any idea of architectural heritage. Developers destroyed existing buildings to build towers, often purchasing air rights from adjoining properties to be able to build even higher. The main problem caused by this increase in scale is that it has taken place without the guidance of any plan or vision. And as long as we have not decided to preserve the relationship with the sea and to greatly slow the pace of construction on the mountains, it will be very difficult to accept further densification of Beirut.
In the historic district of Achrafieh, despite the sprouting of towers, a village ambiance still prevails. This is a living heritage. But how can an ambiance be protected? The important changes linked to the explosion of maximum authorized building heights has destabilized the economy and the way of life inside traditional neighborhoods. Suddenly, the relationships with the sky, the ground, with light and people, all changed. Today, this disruption leads to thinking about different ways of living and isolating oneself, notably in towers. By taking advantage, for example, of deep outside spaces, occupants can protect themselves from heat and the inconveniences of noise and overcrowding due to density. However, in Beirut, architecture is living on borrowed time. Every building is doomed eventually to disappear.
My feeling is that through all these phases of mutation, we are losing our rapport with the Other and our relationship with the landscape. This increasing detachment is very easy to see in regulations that promote the qualities of "integration." To build in a mountainous zone, for example, we are required to build with stone facing and a tile roof, even for permits for structures with five or six stories! It is time to rethink the context according to our way of opening to each other and to link us to the land. One must be wary of cultural simplifications. The war was caused by such signs and identities.
In town as well, the question of common ownership should be a concern of the law, of our way of establishing relationships with the Other, of once again questioning lifestyles, and the possibilities of building tranquility and solitude, despite urban

La dynamique de reconstruction dans laquelle nous nous trouvons depuis plusieurs années est tout à fait explicable. Construire est un acte existentiel au Liban comme dans tout pays qui a connu des guerres et continue de se sentir menacé. Chacun veut poser sa pierre, car nous sommes confrontés à l'effondrement. Bâtir renvoie peut-être à l'invention d'une stabilité comme à l'accomplissement d'une démarche accessible à tous. Il suffit de faire venir trois maçons et le tour est joué ! L'acte de construire est complètement démocratisé au Liban, et la prise de pouvoir sur le territoire est de nature très agressive.
Alors qu'il est en reconstruction, il me semble que le pays se met en ruine. Les vraies ruines du Liban sont sans doute la montagne et la mer. Elles sont le résultat d'un individualisme territorial d'une telle violence ! Les gens continuent de construire sur la montagne et devant la mer de manière absurde. Depuis la fin de la guerre, ce phénomène d'accablement et d'émiettement n'a pas cessé. C'est une catastrophe, car l'imaginaire de la mer comme celui de la montagne doivent rester intacts. Ils nous sauvent de l'enfermement et nous réunissent tous.
La prise de conscience du paysage et du contexte comme structure patrimoniale commence à peine à être abordée aujourd'hui. Il semble y avoir un léger sursaut envers ce que l'on détruit. C'est un phénomène tout à fait récent au Liban. Or l'architecture a le pouvoir de devenir un extraordinaire révélateur de paysage. Elle est l'occasion de constituer des dispositifs inédits de réflexion et d'expérience de la ville. C'est précisément ce que nous essayons de montrer à travers les différents projets que nous réalisons dans Beyrouth et au-dehors.

tensions. Regulation has to be rethought, taking these issues into account, and taking advantage of its power to draw us into a conversation about them.
The dynamic of reconstruction in which we have been working for several years now is quite easily explained. In Lebanon, as is the case in any country that has experienced wars and continues to feel threatened, to build is an existential act. We all want to lay our own foundation stones, because we are facing collapse. To build is tantamount to the invention of stability, the achievement of an approach that is affordable to all. All you need are three masons and you are all set! The act of building is totally democratized in Lebanon, and mastery of the land is very aggressive in nature.
Although the country is in a phase of reconstruction, it seems to me as if we were in the midst of creating ruins. The real ruins of Lebanon are without a doubt the sea and the mountain, resulting from the reigning violence of territorial individualism! The way people are still building on the mountain and facing the sea is absurd. Since the end of the war, this phenomenon of obliteration and parcelization of the territory has never stopped. It is a catastrophe, because the sea and the mountain must remain intact in our imaginations. They save us from imprisonment while bringing us together.
An awareness of the landscape and the context as a patrimonial structure has barely even begun to develop. There does seem to be a slight reaction to what is being destroyed. However, this is a totally new phenomenon in Lebanon. Nevertheless, architecture has the power to become an extraordinary means for revealing the landscape. It offers an opportunity to develop totally new systems of reflection and ways of experiencing the city. This is precisely what we are trying to show through the various projects we are building in and around Beirut.
I draw inspiration from the contemporary mosaic-like composition of the Lebanese situation. As an architect, I think it is useless to emphasize the signs of the violence we face. Instead, I aim to work with existing relations, contradictions, and interferences. The reality of the territory creates a very rich interplay of frontalities. To be able to shift so easily from one

Je me nourris des mosaïques que constitue la situation contemporaine libanaise. En tant qu'architecte, je pense qu'il est inutile de renforcer l'évidence des violences auxquelles nous sommes confrontés. Je vise plutôt à travailler à partir des relations, des contradictions et interférences existantes. La réalité du territoire met en jeu des frontalités très riches. Basculer aussi facilement d'une situation géographique, politique, religieuse ou sociétale à une autre est un bien très précieux. Mais cela sous-entend de vivre dans des conditions de disponibilité permanente et de rester critique. Or nous n'avons pas eu ce luxe pour l'instant.
J'aime Beyrouth pour ses changements de rythme, ses espaces parfois tendus et sereins, ses identités illisibles. *L'homme qui marche* de Giacometti est un peu le Liban tel que je le vois. L'homme n'a plus rien sur les os, presque plus rien, mais il continue d'avancer. Quand vous touchez une personne malade, ses sens sont enfoncés, graves, épais. Le visuel n'est plus du tout opérant. Il se dégage de cet être une élégance liée à son épreuve. Parler du Liban, c'est parler de cette personne malade en état de marche.
Je comprends Beyrouth comme une situation d'ouverture et d'aptitude vitale au changement.
Le Liban ne peut se rattacher à une vision entière ni globale. C'est aussi sa force. Il est les mille visages dont parle Gilles Deleuze. C'est une condition présente difficile et passionnante. Il semble que de nouvelles histoires peuvent se produire grâce au multiple. Quand j'étais enfant, une photo m'a particulièrement marqué. Elle cristallisait le moment précis où un être humain en pleurs s'apprête à rire. Cet instant est étrange, comme la juxtaposition de nos extrêmes, de ce qui nous traverse.
J'ai éprouvé mes premières émotions architecturales dans la nature, face à la mer. Une ambiance particulière que je recherche à travers mes projets. Je suis fortement lié à l'idée de contexte. Cela appartient à mon histoire intime et personnelle. C'est pour cette raison que j'ai très peur des images. Que peuvent-elles dire de cette chose fragile et complexe qu'est le contexte ? Je travaille beaucoup sur ce qu'il y a entre les choses, les lieux et les êtres. Or c'est difficile à

geographic, political, religious, or social situation to another is an invaluable asset. But this assumes conditions of permanent availability and of maintaining a critical eye. Thus far, we have not been afforded this luxury.
I love Beirut for its shifting rhythms, both for its tense and its serene spaces, as well as its indecipherable identities. Giacometti's *L'homme qui marche* is a bit like Lebanon as I see it. The man is nothing but skin and bones, almost nothing, but he keeps on moving forward. When one touches sick people, one senses they are weakened, grave, and sluggish. The visual aspect of things has ceased to function. A certain elegance linked to their trials emanates from such people. To speak of Lebanon is to speak of a sick yet still ambulatory person.
I understand Beirut as an open situation, possessing a vital aptitude for change.
Lebanon cannot become attached to a total or an all-encompassing vision. That too is part of its strength. It is the "thousand faces" Gilles Deleuze talks about. It is a difficult and enthralling condition of being present. It seems as though new histories can emerge from its multiplicity.
When I was a child, a photograph made quite an impression on me. It crystalized the precise moment when a human being in tears is on the verge of laughing. This instant is very strange, like the juxtaposition of our extremes, of what we must constantly go through. I felt my first stirrings of architectural emotion in nature, facing the sea. And this is a very particular ambiance I seek through my projects. I am strongly attached to the idea of context. It is part of my private and personal history. This is also why I am so afraid of images.

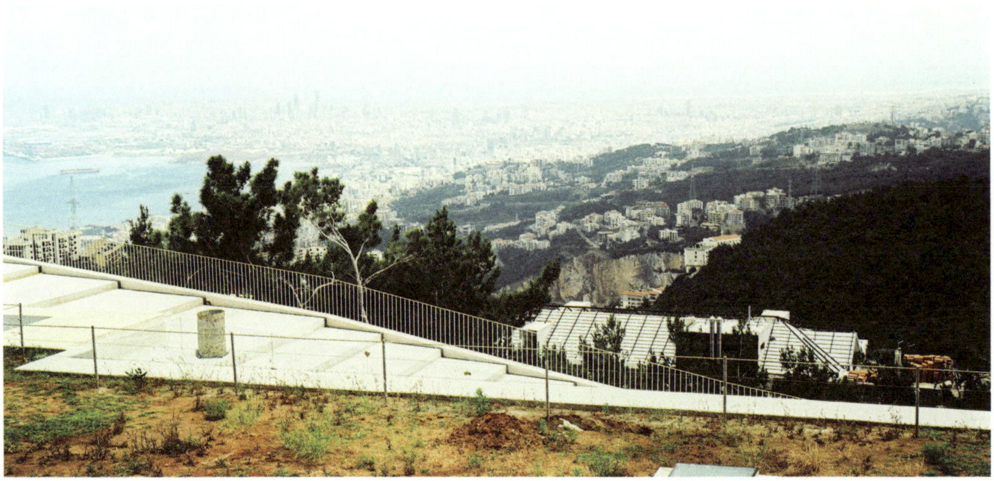

Villa T, Kornet Chehwane

capter. Cela touche la profondeur d'un espace, son « ambiance » : un état sans image présupposée. L'ambiance renvoie à quelque chose de béant sur lequel l'usager peut agir. Elle préexiste toujours à ce qui est construit et varie selon l'humeur que les gens transportent d'un endroit à l'autre, selon leur subjectivité et leur mobilité.

Beaucoup de moments heureux de ma vie remontent à mon enfance et à la guerre. Derrière les conflits, il n'y a pas que la violence mais également un monde d'entraide et de solidarité, des espaces de débordement soudain, des envies de vivre intensément. La guerre apprend à rebondir. C'est un enseignement. Elle a donné l'occasion de moments collectifs assez forts. Je me souviens que les gens se regroupaient dans des parkings, y dressaient des tables pour jouer aux cartes. On pouvait investir l'espace de manière libre et informelle. On dit couramment « sortir de la guerre » mais on y retourne toujours. Cette crédulité est néanmoins nécessaire : le fait que nous nous trouvions dans des situations exceptionnelles répétées crée des conditions de travail très particulières.

Depuis la fin de mes études, je suis partagé entre la France et le Liban, même si j'ai choisi de monter une agence à Beyrouth. Ces allers-retours fournissent mes réflexions. J'ai le sentiment de fonctionner suivant deux systèmes en même temps, où que je

What can they possibly tell us about so fragile and complex a thing as the context? I work a lot on what exists between things, places, and beings. But this is hard to capture. It touches on the depth of a space, on its "ambiance"—a state which lacks an a priori image. The ambiance refers to something cavernous upon which the user can have an impact. It is something whose existence always precedes everything that is built, and which varies according to the mood people carry about from one place to another, according to their subjectivity and their mobility.

Many happy moments of my life date back to my childhood and to the war. There is not only violence behind the conflicts, but also a world of mutual assistance and solidarity, of spaces that suddenly overflow with the desire to live intensely. War trains you to be resilient. It is a lesson. It provided us with occasions for quite powerful collective experiences. I remember people used to gather in parking garages and set up tables to play cards. Space could be freely and informally occupied. Today we often say "exit the war," but we are constantly returning to it. However, this credulity is necessary. The fact that we find ourselves in the midst of repeated exceptional situations creates very particular working conditions.

Since completing my studies I have divided my time between France and Lebanon, even though I decided

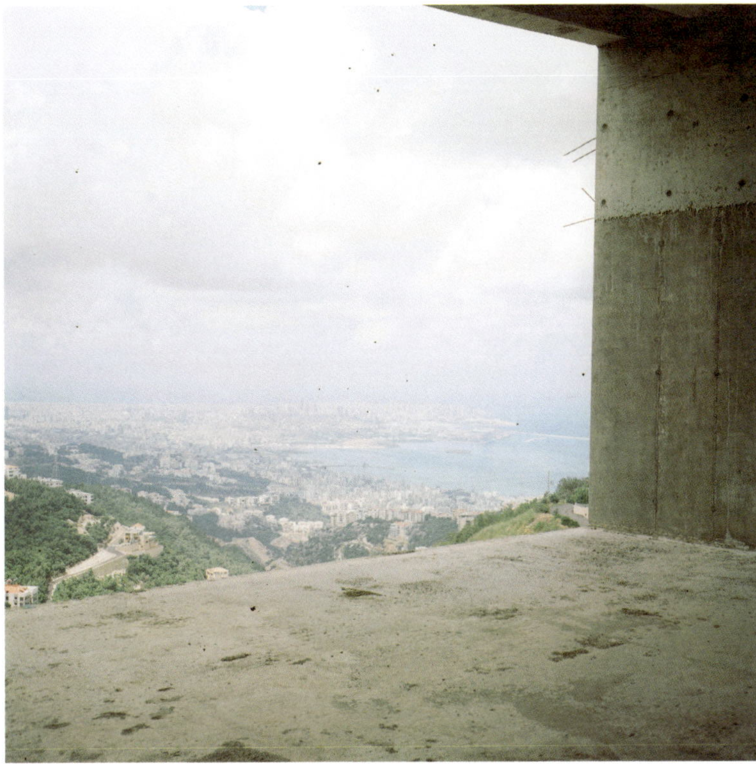

Villa M, Kornet Chehwane

sois. Cela favorise un certain pragmatisme et interdit toute idée reçue et certitude. Cette mécanique permet également d'accepter ce qui est de l'ordre du contradictoire et de l'inopiné.
Au bureau, quand nous abordons un projet, nous refusons de chercher à comprendre ou contrôler nos premières intuitions. Nous préférons d'abord nous laisser faire et voir où va mener ce point de départ. Chaque nouveau projet ouvre des voies censément originales. À partir de premières pistes lancées, nous commençons à établir des relations à l'aide de maquettes. Alors, nous confrontons ces fragments de réponse à des sensations réelles, à la compréhension et la logique. Et c'est une joie incroyable !
En dernière instance, seulement, nous représentons. Partir d'une image ferme toutes les possibilités du projet. Cela empêche le processus de recherche.
Je me sens dans le même état d'ouverture quand je démarre un projet que lorsque je lis un texte :

to open my office in Beirut. This back-and-forth provides me with material for reflection. I have the feeling I function with two systems running simultaneously, wherever I happen to be, which encourages a certain pragmatism and inhibits the development of any preconceived ideas or certainties. The mechanics of this state also enable me to accept the contradictory and the unforeseen.
At the office, when we are beginning a project, we refuse to try to understand or control our initial intuitions. At the outset, we prefer to start by allowing ourselves to experiment and to see where this starting point will lead us. Each new project opens supposedly original pathways. Based on the early initiatives we launch, we begin to determine relationships with the help of models. Then we challenge these fragments of solutions with real sensations, understanding, and logic. It is a source of unbelievable joy!

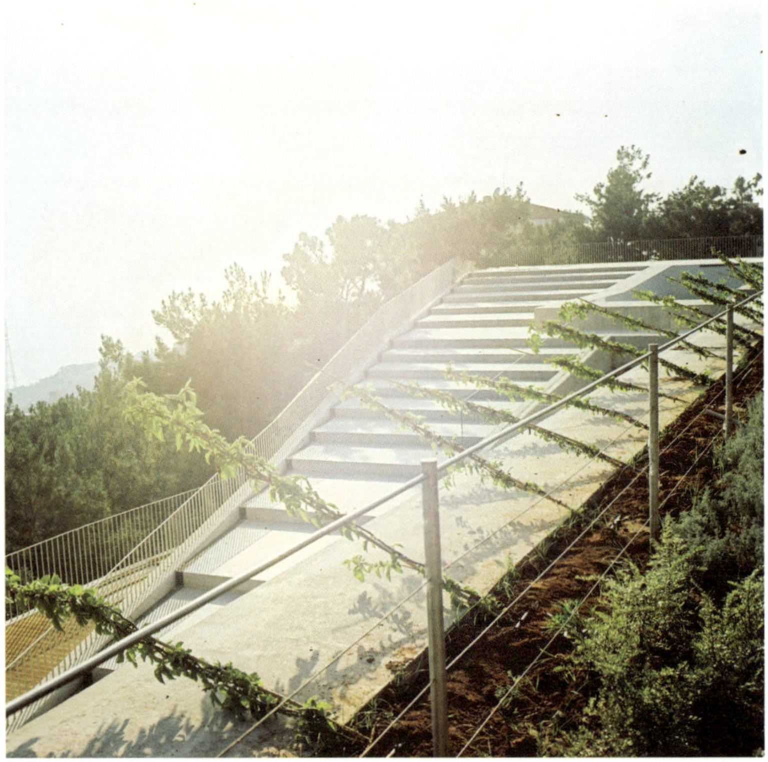

Villa T, Kornet Chehwane

je l'aborde avec ma perception et mon émotion avant d'accéder au sens. Pour que je comprenne les choses, il faut au préalable que je les vive. Je cherche à garder la pensée à l'état latent pour la rendre agissante quand je le décide, et seulement après avoir fait l'expérience du subjectif. J'aime que la production des idées soit confrontée au réel, au sensible, aux émotions, sans domination ni hiérarchisation. L'air de rien, quand on est architecte, il faut être capable de toucher les gens...

La question du vide est omniprésente dans notre activité : elle incarne la possibilité du rêve et de la liberté. Le rêve d'un monde relationnel qui ne renverrait jamais à un système de représentation. Travailler sur le vide annule la problématique de l'image.

J'aime travailler sur le vide, l'horizon et l'ambiance, car je ne veux pas travailler sur la guerre.

Les situations de non-dits sont toujours très émouvantes. Telle une manière de céder la place au rêve

Only after all of this experimentation do we make representations. Starting out with an image shuts out all the possibilities the project offers. It hinders the research process.

I feel like I am in the same state of openness when I start a project as I do when I read a text. I approach it first with my perceptions and my emotions before grasping its meaning. To be able to understand things, I have to experience them first. I attempt to maintain my thinking in a latent state, ready to be switched to the active mode when I decide, and only after my subjective experience. I like the ideas produced to be challenged by the real, the sensitive, by emotions, without domination or organization into a hierarchy. When you are an architect, you have to be able to touch people with what seems like nothing.

The question of the void is omnipresent in my work. It embodies the possibility of dreaming and freedom. The dream of a relational world that would never

et de laisser s'installer le silence pour réveiller autre chose. Un vide d'une très forte intensité.
La guerre constitue peut-être un non-dit dans notre travail... Nous préférons invoquer la construction plutôt que la guerre. Faire de l'architecture au Liban est notre manière de prendre position.
Le rêve porte ce qu'il y a de plus intime en nous. Il est l'essence de l'homme. Lorsqu'on lui ôte sa force de rêve, l'humain tombe en ruine. L'imaginaire ne repose sur aucun scénario. Un rêve n'a ni début ni fin. Il est sans compromis et sans concession. Il signifie l'effacement et la confusion des limites. Travailler sur cette abolition est une grande question d'architecture.
Pour concevoir la villa T, située à Kornet Chehwane, à quelques kilomètres de Beyrouth, nous avons essayé de repousser les limites de la structure et celles de l'intérieur et de l'extérieur dans le but de questionner l'espace, au-delà du lieu et de la fonction. Nous avons prolongé des situations spatiales par évasement des planchers, par exemple, afin de bousculer l'idée du cadrage et d'offrir un sentiment de continuité dans le géographique et la mer. La construction de cadres en architecture est trop souvent contraire à l'idée de mobilité. Or le mouvement permet la transformation du regard. Nous souhaitons déclencher des évolutions imaginaires par le déplacement physique.
Cette approche de l'espace par dépassement conduit à questionner fondamentalement l'habiter. Comment entre-t-on quelque part ? Dans la villa T, le parking est l'endroit le plus chic de la maison ! Qu'est-ce qu'une chambre ? Comment vit-on dans un escalier ? Comment décompose-t-on une situation afin que l'habitant puisse se créer sa propre histoire ?
Nous avons questionné l'idée d'habiter par la démesure et l'ouverture des espaces. Lorsque les fonctions d'un bâtiment sont transgressées, l'espace à vivre devient vraiment intéressant.
La villa T entretient une relation particulière à la ville qu'elle vient chercher et intérioriser tout en restant à distance. Elle repose sur deux noyaux et se développe sur 50 mètres de long, sans murs. Aux marges de l'habitable, elle pousse les occupants à remettre en question leur mode de vie. Aucun espace n'a réellement de limite. La chambre occupe 3 mètres de large pour 15 mètres de long...

refer to a system of representation. Work on the void eliminates the issue of the image. I like working with the void, the horizon and the ambiance of a place, because I do not want to work on the war.
Situations pregnant with the unsaid are always very moving. The unsaid offers a way of yielding to the dream and of allowing silence to settle in and awaken something else—a powerful, intense void.
Perhaps the war is an unsaid in our work. We prefer allusions to construction rather than to the war. Creating architecture in Lebanon is our way of taking a stand.
Dreams carry our most intimate thoughts. Dreaming is the essence of humanity. When this power to dream is taken away, the human falls into ruin. The imagination does not rely on a script. A dream has no beginning and no end. It is without compromise and without concession. It signifies the erasure and the confusion of limits. To work abolishing these limits is a major challenge of architecture.
To design the Villa T, located just a few kilometers from Beirut, in Kornet Chehwane, we tried to push back the limits of the structure and of both interior and exterior with the aim of testing space, in addition to the place and its function. We extended spatial situations by splaying the floors, for example, in order to shake up the idea of framing in order to create a feeling of continuity with the geography and the sea. The construction of frames in architecture is too often contrary to the idea of mobility. But it is through movement that we enable the transformation of the gaze. We wish to trigger imaginary changes through physical shifting.
This approach to space by exceeding it leads to a deeper questioning of the dwelling. How does one enter into somewhere? In Villa T, the garage is the choicest spot in the house! What is a bedroom? How does one live in a staircase? How can a situation be composed to enable the occupant to be able to create his own history?
We challenged assumptions about dwelling through the use of disproportionate size, by opening up spaces. When a building's functions are contravened, its living space really becomes interesting.
The Villa T maintains a particular sort of rapport with the city, which it seeks out and attempts to

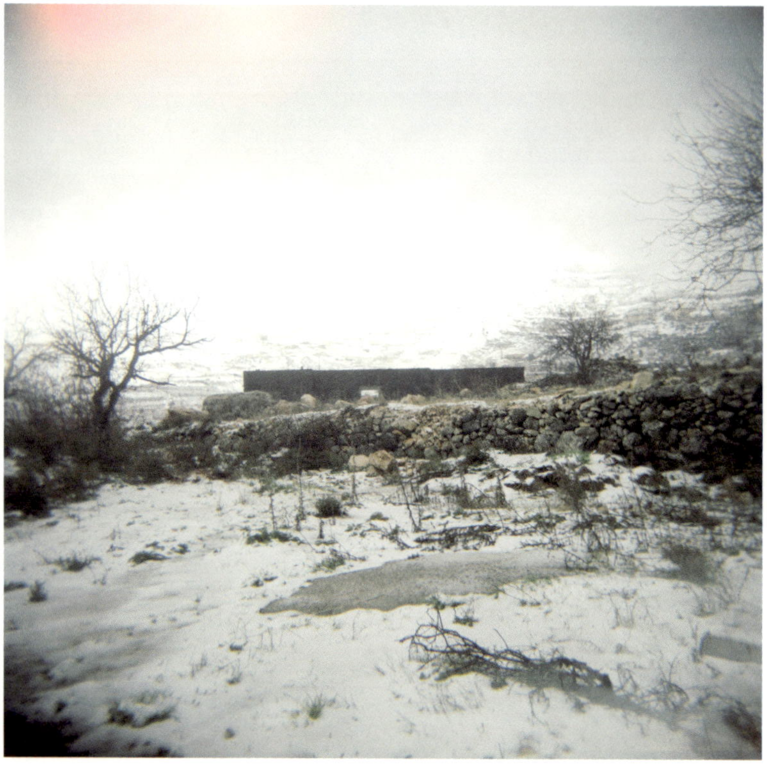

Villa SC, Akoura

Le plus difficile dans ce projet a été de combiner l'illimité avec l'intériorité. Car à aucun moment l'habitant n'est abandonné à cette vastitude. Il y a toujours une manière de s'adosser quelque part.
Par la liberté qui se joue dans l'espace intérieur, nous avons voulu dépasser la situation stéréotype d'une maison face à la mer. Nous avons essayé de faire en sorte que chaque espace présente une expérience spatiale singulière. La mobilité extrême due à l'ouverture des espaces et aux distances à parcourir rompt avec l'idée de contemplation.
À chaque occasion de projet, nous essayons d'entrer en relation avec l'onirique, en cherchant toujours à mettre l'habitant au centre d'un imaginaire, au centre d'un espoir.
La part du rêve et de l'identification dans l'acte d'habiter est énorme. Deux conditions fondamentales pour créer de l'appropriation et de la transformation. Il est impossible de tricher à ce sujet.

interiorize while at the same time keeping it at a distance. The house rests upon dual cores and extends without walls over a length of 50 meters. Just this side of being inhabitable, it forces the occupants to question their lifestyle. No space has any real limits. The bedroom is 3 meters wide and 15 meters long...
The most challenging aspect of this project was to blend the feeling of the unlimited with one of interiority. Because the occupants are never simply abandoned in this vastness. There is always some place to lean against.
Through the great openness of the interior space, we were attempting to get beyond the stereotypical situation of a house facing the sea. We tried to make each space present in a singular spatial experience. The extreme mobility made possible by this openness of spaces and the distances to be crossed breaks with the concept of contemplation.

Comment déclencher des envies de dormir, de lire, de bouger ou de manger différemment selon les humeurs des habitants, le moment de la journée, le climat, le paysage… ? Comment éveiller les sens dans un logement ? Les matériaux et la lumière participent de cet objectif.

Pour réaliser la villa SC, située dans le village d'Akoura à 1 500 mètres d'altitude, nous avons utilisé une pierre noire en parement. Cette enveloppe agit comme un marqueur de l'idée de montagne. Nous voulions imprimer dans l'imaginaire de l'habitant une présence mentale de cette nature, même quand elle est invisible.

La villa SC est connectée au monde du rêve dans la mesure où beaucoup de sensations y sont emmêlées et définissent une atmosphère étrange. Je fais allusion au bruit d'un ruisseau perceptible en sous-face de toiture mais disparaissant à l'approche du vide, à l'impression d'être confronté à un ciel de pierre quand on se trouve dans le patio, à l'absence de relations visuelles avec le monde de la route pourtant à proximité, ou encore de l'absence d'image de la maison en tant que telle.

Nous ne voulions surtout pas être plus bavards que le paysage mais trouver le juste mode de présence afin que quelque chose d'un peu irréel se passe entre l'habitant, le vide et la montagne. Entre ce que l'on donne à voir ou ce que l'on retient.

Rien ne préfigure ni ne limite la possibilité de vivre quelque part. Que signifie une maison ? Qu'attend-on d'un séjour, que veut-on y ressentir ? Que signifie un intérieur ? Un extérieur ? Pour la conception de la villa M, implantée au ras du vide près de Kornet Chehwane, la maison semble une falaise de béton accrochée à une falaise de pierre.

On every project we seek to enter into a relationship with the dreamlike, by always trying to place the occupant at the center of a dream world, at the center of hopefulness. The part of dreaming and identification in the act of inhabiting is enormous. These are the essential conditions that make appropriation and transformation possible. Taking shortcuts with them is simply not possible.

How can we trigger the desire to sleep, to read, to move about, or to eat differently? Is it according to the moods of the occupants, the time of day, the climate, or the landscape? How can the senses be awakened in a dwelling? The materials and light both play a role in achieving this objective.

In the construction of the Villa SC, located at an altitude of 1,500 meters in the village of Akoura, we utilized black stones for the facing. This skin acts as a sign for the idea of the mountain. We wanted to leave the imprint of a mental presence of the surrounding nature on the occupants' imaginations, even when it is not in view. The villa SC is connected to the world of dreams in that many of the sensations it engenders are blended to define a strange atmosphere. I am alluding to the brook that is perceptible on the underside of the roof but which disappears as it gets closer to the void, to the impression of facing a stone sky on the patio, to the absence of a visual relationship with the world of the road—which is, however, nearby—and to the absence of an image of the house as a house.

We especially did not want to compete with the landscape, instead seeking to find just the right level of presence to allow something a bit unreal to occur between the occupants, the void, and the mountain, between what is shown and what remains unseen.

Nothing prefigures or limits the possibility of living somewhere. What does a house signify? What does one expect from a stay in it? How does one want to feel there? What is the meaning of an interior? An exterior? For the design of the Villa M, placed right at the edge of the void near Kornet Chehwane, the house looks like a concrete cliff clinging to a stone cliff.

Travailler sur les limites revient à travailler sur les lisières et les bords, comme sur le risque d'être quelque part. Cette part du danger est très importante. Nous l'abordons de plusieurs façons. La plupart des maisons que nous réalisons sont suspendues à flanc de colline ou de montagne. Cela implique de réfléchir sur les limites de la structure et de sa perceptibilité. La rendre innocente, insaisissable alors qu'elle retient du vide nous intéresse particulièrement. Le risque touche la part d'inconnu que l'habitant accepte ou non de vivre, à la capacité d'ouverture de chaque projet et à leur potentiel de bouleversement.
Par notre travail, nous essayons toujours de traduire une certaine gravité par la construction. Une certaine lourdeur liée à une conscience que l'intérieur et l'extérieur sont deux mondes à différencier. Nous n'en cherchons pas la fusion mais à les amplifier l'un dans l'autre. Quand les émotions sont propres à une intériorité architecturale, la relation au dehors est encore plus forte. L'habitant est pour ainsi dire « lâché » face au contexte. Ce rapport ambigu à la rupture est intéressant. Cela favorise les situations d'intensité. Les notions de perturbation, de contraste, de libération au sein des espaces relèvent de la capacité de l'architecture à nous faire basculer dans un ailleurs. Il s'agit là d'un rapport de tension entre un intérieur et un extérieur.
Créer des possibilités d'isolement me semble important. Un extérieur présente toujours une forme de violence. Cela peut écraser un homme. Une contrepartie forte peut être apportée. J'aime l'idée de la confrontation entre un dedans et un dehors, et de la clarté de leur définition. Si un espace intérieur existe en tant que tel, alors l'espace extérieur peut vraiment constituer un ailleurs.

Like the risk of being somewhere, working on limits is like working on edges and borders. The role of danger is very important. We approach it in several different ways. Most of the houses we build are hanging from the side of a hill or a mountain. This involves thinking about the limits of the structure and its perceptibility. To make it innocent, elusive even, as it holds back the void, is a particularly interesting challenge for us. Risk touches on the aspect of the unknown, which the occupant either agrees to experience or not, and on each project's capacity for openness as well as its potential for disruption.
Through our work, we always try to translate a certain gravity in the construction; a heaviness linked to the awareness of the interior and the exterior, which are the two worlds to differentiate. We do not seek to merge them but rather to amplify them in each other. When emotions are specific to an architectural interiority, the relationship with the outside is even stronger. The occupant is, so to speak, "left on his own" facing the context. This ambiguous rapport with rupture is interesting. It fosters situations of intensity. Notions of disruption, contrast, and freedom of interior spaces reflect architecture's capacity to shift us into an elsewhere. Here, it is a question of the rapport of tension between interior and exterior.
It seems important to me to create spaces where isolation is possible. An exterior always represents a form of violence. People can experience this as crushing. A strong counterpoint can be added. I like the idea of a confrontation between the inside and the outside, and of their clear definition. If an interior space exists as such, then the exterior space really can constitute another place.
The power of the ground to define moments of interiority and exteriority is a particularly moving phenomenon. I would be happiest if I could just design stairways, ramps, floors, roofs, and terraces! This is undoubtedly where architecture begins.
The established relationship between the Ganges and the public space in the city of Varanasi in northern India is, in this sense, a very interesting situation. On the approach to the riverbank, the

Le pouvoir d'un sol à définir des moments d'intériorité ou d'extériorité est un phénomène particulièrement touchant. Si je pouvais ne construire que des escaliers, des rampes, des planchers, des toitures, des terrasses, je serais le plus heureux ! L'architecture commence sans doute là.
La relation établie entre le Gange et l'espace public dans la ville de Vârânasî en Inde du Nord est, à ce titre, une situation très intéressante. À l'approche de la rive, le sol de la rue devient soudainement un grand escalier et descend dans l'eau pour que les gens se baignent, s'assoient, discutent. L'escalier reste une architecture en soi, il n'est pas adouci quand il est immergé. Et l'eau entre en contact avec les gens par cette construction. J'aime cet instant précis où un sol devient habitable et, par appropriation, s'affranchit de sa nature de surface pour devenir espace.
Matériau de l'ubiquité par excellence, le béton – utilisé couramment dans nos réalisations – répond à cette quête d'illimité et de confrontations. À cette volonté de démarrer un projet à partir d'une simple histoire de sol et de relations à construire autour des gens.
Nous utilisons le béton pour exprimer un questionnement et non pas une forme ni une esthétique et abordons généralement cette matière comme structure et enveloppe. Une double réponse très adaptée au contexte de production libanais comme à son climat. Et pourtant, le béton a longtemps été générateur d'idées préconçues au Liban. Or la culture de l'habillage – comme la pierre peut en faire l'objet – ne me semble pas toujours pertinente. Et, par extrapolation, j'ai le sentiment que le béton peut nous aider à montrer qui nous sommes et assumer nos stigmates, comme notre instabilité.
Pour construire, nous aimons travailler le béton coulé car il s'accorde aux savoir-faire locaux. Nous l'envisageons par ses défauts, ses variations de textures sous la lumière et par sa douceur également. Quand je monte à la villa T vers 19 heures, la couleur du béton vire de l'orange au saumon, au gris, au jaune, au vert. Alors je me demande vraiment ce que signifie cette matière. Je ne comprends plus rien !
Nous procédons à beaucoup d'échantillonnages pour trouver les bonnes relations entre les surfaces

ground suddenly becomes a monumental staircase descending into the water to allow people to bathe, sit down, and chat in the water. The staircase remains architecture in itself. It is not softened by being immersed. And people enter into contact with the water by means of this construction. I like this precise instant when the ground becomes habitable and, through appropriation, overcomes its nature as surface to become space.
Concrete, a material of unparalleled ubiquity—regularly employed in our constructions—answers this quest for boundlessness and confrontation, this will to start a project based on a simple history of the ground and relationships, to build around people.
We use concrete to express our questioning, and not as a form or an aesthetic, and we generally approach this material as structure and envelope. This dual response is highly adapted to both the Lebanese context of construction and to its climate. And yet concrete has long been a source of preconceived ideas in Lebanon. However, our culture of dressing the façade—where stone is often used—does not always seem relevant. And by extrapolation, I have the feeling that concrete can help us to show who we are and to assume our scars, as well as our instability.
We like to work with poured concrete because it fits well with local know-how. We approach it from the point of view of its defects, its variations in textures under light and its softness too. When I drive up to the Villa T around 7 pm, the color of the concrete veers from orange to salmon, to gray, then yellow, and green. That is when I really wonder what this material signifies. I realize I understand nothing!
We do a lot of testing to find the right relationships between the interior and exterior surfaces, do a lot of research on textures of wooden formworks, the hues of cement and sand. Also, the construction site has to become a playground, which is occasionally extreme and acrobatic. For the St Joseph University project in Beirut, designed with the office of 109 Architectes, the apertures in the main façade are the result of an experiment with poured concrete. They are determined by the limitation of the angle from which the concrete ceases to pour. In Lebanon, it is still possible to pour concrete on site. We can work

intérieures et extérieures, faisons beaucoup de recherches sur les textures de bois de coffrage, les teintes de ciment et de sable. Aussi le chantier doit-il devenir un jeu, parfois extrême et acrobatique. Pour le projet de l'université Saint-Joseph à Beyrouth conçu avec l'agence 109 Architectes, les percements de la façade principale résultent d'une expérience sur le coulage du béton. Ils sont déterminés par l'angle limite à partir duquel le béton ne se déverse plus. Au Liban, il est encore possible de couler le béton en place. On peut le travailler comme une matière pleine, épaisse, irrégulière. Et quand on se met à trouer un voile, cela devient assez dramatique et sensible. J'ai le sentiment que la préfabrication enlève beaucoup d'émotion constructive. À grande échelle, cela me paraît évident. Le travail du béton mis en œuvre à l'université Saint-Joseph parle beaucoup du Liban. Nous avons œuvré avec les réalités de la conjoncture. Accepter au cours du projet que le béton ocre jaune vire à la couleur saumon car la carrière s'est arrêtée et que nous avons utilisé un sable de Chypre d'une teinte plus rouge ne nous pose aucun problème...
Située sur un ancien axe militaire – la ligne de démarcation –, l'université Saint-Joseph (USJ) est envisagée comme un processus d'épuisement des limites : celle du béton, de son coulage, de son homogénéité, la limite des comportements des individus entre eux.
Traditionnellement, l'architecture libanaise est une architecture de masse que l'enveloppe vient moduler pour répondre aux problématiques liées à la lumière, à l'intimité, à la chaleur. Aborder la question de l'enveloppe à Beyrouth revêt aujourd'hui une complexité à la fois culturelle, climatique mais aussi factuelle, car la guerre fait acte en architecture. Ce qui se produit quand l'enveloppe est entamée et réappropriée me touche beaucoup. Elle présente alors ses propres marques, sa fragilité ou sa souplesse. Elle devient un espace d'échange, un espace vivant. Dans ces cas-là, l'enveloppe interpelle la structure.

with it as a thick, solid, and irregular material. And when we start to make a hole in a concrete wall, it becomes quite a dramatic and sensitive situation. My feeling is that prefabrication takes a lot of the emotion out of construction. On a large scale, that seems obvious. Our work on concrete at St Joseph University has a great deal to say about Lebanon. We were working with the reality of the economic situation. We were able to accept without any problem that during the project the ochre concrete veered toward a salmon color because the quarry shut down and we had to use sand from Cyprus that had a redder hue. Standing on the former military axis—the demarcation line—St Joseph University was envisaged as a process of exhausting limits: of concrete, of the methods for pouring it, of its homogeneity, of the limits of the behaviors of individuals interacting with each other.
Traditionally, Lebanese architecture is one of a mass modulated by its envelope to resolve certain issues related to light, privacy, and heat. To approach the question of the skin in today's Beirut is to deal with complexity which is cultural, climatic, but also factual in nature, because war makes its appearance in architecture.
What happens when an envelope is damaged or repurposed touches me a great deal. At that moment it shows its own scars, fragility, and flexibility. It becomes a space for exchanges, a lively space. In cases like these, the envelope challenges the structure. In addition to the act of construction, both recount the story of a relationship with the world. They can concentrate worries and develop a sense of the instability of our society, of its aberrations, and of its possible coherence. The allegorical power of the structure sets up a naïve, almost childish relationship with the world.
Under the framework of the program for St Joseph University, we built as many unprogrammed and public spaces as assigned ones. Thus, the central circulation, the stairs leading to the accessible roof terrace, become unexpected moments of urbanity and encourage users to view the city differently. We tried to design a sort of split interiority, neither heavy nor concentric. We do not seek to exert control over uses.

Au-delà de l'acte constructif, toutes deux racontent une relation au monde. Elles peuvent concentrer des inquiétudes, donner l'expérience de l'instabilité de notre société, de ses aberrations, de son impossible cohérence. Le pouvoir allégorique de la structure établit une relation naïve au monde, presque une relation à l'enfance.

Dans le cadre du programme de l'université Saint-Joseph, nous avons construit autant d'espaces non programmés et publics que d'espaces affectés. Ainsi, la circulation centrale, les escaliers menant à la toiture aménagée deviennent des moments d'urbanité inattendus et encouragent les usagers à regarder la ville autrement. Nous avons tenté de constituer une sorte d'intériorité fendue, non pesante ni concentrique. Nous ne cherchons pas à exercer un contrôle sur les usages.

L'USJ est une sorte de laboratoire de phénomènes que l'on ne peut plus capter à Beyrouth : pouvoir se retrouver quelque part pour discuter et être au calme. Ce « quelque part » n'est jamais le même. Les étudiants peuvent s'installer n'importe où, s'asseoir de plusieurs manières et profiter de multiples points de vue sur la ville comme sur l'espace intérieur. Nous avons mené un travail sur le vide pour créer les conditions de la rencontre, de la controverse et du collectif. Questionner l'espace public en tant qu'architecte me semble fondamental à Beyrouth, où l'échange ne peut plus se produire, où toutes les communautés sont coupées les unes des autres. Nous cherchons à travailler sur la contextualité de l'échange et à questionner cette possibilité par les projets.

Pour comprendre ce que recouvre l'espace public, il faut sans doute être seul. C'est une apparente contradiction. L'espace public interroge les conditions humaines et sociales et tout en même temps la solitude. La possibilité d'allers-retours entre ces différentes modalités est intéressante. Ce que l'on ressent individuellement peut alors se transmettre, se partager, se prolonger dans l'espace. L'espace public est le champ très précieux de la transformation du quotidien. Plus largement, ce sujet touche l'idée de lien, entre soi et les autres, entre l'intérieur et l'extérieur. Quand il est ressenti comme un espace de tous les possibles, alors il a le pouvoir de nous entraîner

St Joseph University is a sort of laboratory of a phenomenon that can no longer be captured in Beirut, which is the ability to find someplace tranquil to chat. This "someplace" is never the same. The students can settle down anywhere, be seated in several ways, and take advantage of multiple points of view over the interior space. Here we worked on the void to create conditions fostering encounter, controversy, and the collective. To question public space as an architect seems essential to me in Beirut, where exchanges can no longer occur, where all the communities are cut off from each other. We seek to work on the contextuality of exchanges and to question this possibility through projects.

To understand what the public space includes, one must undoubtedly be alone. This is an apparent contradiction. Public space questions human and social conditions and solitude at the same time. The possibility of shifting back and forth between these two different ways of experiencing it is interesting. Thus, what one feels individually can be transmitted, shared, and extended in space. Public space is the very precious field for carrying out a transformation of the commonplace. More broadly speaking, this subject touches on the idea of the link, between oneself and others, between interior and exterior. When one's experience is a feeling of a space of all possibilities, then it has the power to transport us outside of ourselves. To come back to human beings' basic ability to step outside of themselves and to enter into a relationship with another human being, and yet another, is truly fascinating. Taking this as a starting point, what is the value of the "magnetic field" of the public space and what does it allow? Recent social uprisings show that both violent and pacifist manifestations of this link can arise anywhere at any time.

hors de nous-mêmes. Revenir sur la capacité fondamentale d'une personne à sortir d'elle-même pour entrer en relation avec une autre et encore une autre est passionnant. À partir de là, que vaut et que permet le « champ magnétique » qu'est parfois l'espace public ? Les derniers soulèvements sociaux montrent que les manifestations de ce lien, violentes ou pacifistes, peuvent survenir n'importe où et à tout moment.
Une manifestation doit-elle se produire où il est prévu qu'elle ait lieu ? Cet imprévisible-là, c'est-à-dire la manière dont une population est capable de se mobiliser quelque part ou bien de partager ensemble subitement quelque chose, est très précieux. Il faut savoir le décrypter. Ces moments deviennent rares dans les villes européennes, où il est difficile de se perdre, de s'isoler, d'avoir peur ou même de sortir une chaise dans la rue. En revanche, ce qui se passe au bord des villes me semble moins assujetti et constitue un réel champ d'expérimentation en la matière.
La manière dont le politique se saisit de la question de l'espace public repose le plus souvent sur une idéologie du contrôle, de l'infaillibilité et de la représentation symbolique. Je me méfie beaucoup de cette approche, car cela conduit à la surdétermination des usages et à l'excès de délimitations des pratiques.
Mon intérêt pour l'imprévisible est presque viscéral. Cela tient peut-être à ma pratique de l'architecture ici, à Beyrouth. S'adapter au tissu urbain libanais, très organique et fortement déterminé par l'omniprésence de la guerre, est très difficile. On ne sait jamais sur quoi reposent les relations, ni d'où elles proviennent et encore moins comment elles opèrent. Les schémas sont illisibles mais c'est une gymnastique intéressante pour un architecte. Apprendre à travailler dans les conditions de l'imprévisible constitue un véritable enseignement de la ville. Ne pas avoir peur de ce qui change, de ce qui n'est pas assuré. Au Liban, le changement fait partie du quotidien, il faut travailler à son intégration et à sa gestion dans le processus de projet.

Does a demonstration have to occur in the place that has been planned for it? Unpredictability, that is, the way a population is capable of coming together somewhere or of suddenly sharing something, is extremely precious. The meaning of these events must be deciphered—though such moments are becoming rare in European cities, where it really is getting difficult to lose oneself, to isolate oneself, and to be afraid, or even to bring a chair out into the street. However, what is happening at the edges of cities seems to be less subdued, and they seem to offer a genuine field of experimentation in this matter.
The way politicians seize upon the subject of the public space depends most often on an ideology of control, infallibility, and symbolic representation. I am very wary of this approach because it leads to the overdetermination of uses and to an excess of delimited practices.
My interest in the unpredictable is almost visceral. Perhaps this stems from my practice of architecture here, in Beirut. Adapting to the highly organic urban fabric of Lebanon, so strongly determined by the omnipresence of the war, is very difficult. It is never very clear what underpins relations, their origins, and even less how they operate. Patterns are unreadable, but this offers an interesting game of mental gymnastics for an architect. It teaches you how to work under unpredictable conditions, to be unafraid of what is changing, of what is not guaranteed, in a genuine learning experience of the city. In Lebanon, change is part of everyday life. One has to work toward its integration and management within the process of the project.
Our office's work on the Brazza Nord development in Bordeaux, on the right bank of the Garonne, stems directly from our experience of the territory of Beirut. The city asked us to develop a master plan for transforming a brownfield into a new neighborhood of housing, shopping, and leisure activities. This work led us to think about new functions of exchange and about positing the unforeseen as an underlying principle of the city. Thus, we wish to welcome and transform the unexpected by setting up a "free urbanism." This is an open and pragmatic urbanism that seeks

Le travail de notre agence sur l'aménagement de Brazza Nord en rive droite de Bordeaux découle assez directement de notre expérience du territoire à Beyrouth.

La municipalité nous a sollicités pour réfléchir à l'élaboration d'un plan-guide pour la transformation d'une ancienne friche industrielle en un nouveau quartier d'habitations et d'activités. Ce travail nous a conduits à penser à de nouvelles fonctions de l'échange et à poser l'imprévu comme fondement de la ville. Ainsi, nous souhaitons accueillir et transformer ce pouvoir de l'inattendu par la mise en place d'un « urbanisme en liberté ». Un urbanisme ouvert et pragmatique qui voudrait reposer sur une intelligence relationnelle, notion que nous voudrions pousser ici à l'extrême afin qu'une dynamique urbaine s'installe peu à peu. Nous voulons rompre avec l'autonomie et l'autorité de l'îlot qui ne fait que légitimer des approches iconiques de la ville et donner les pleins pouvoirs aux promoteurs. Le politique doit retrouver une fonction sociale dans la fabrication de la cité... Nous souhaitons donc travailler sur ce qui se produit entre les gens, entre le bâti et les gens, entre les gens et le paysage et pas spécialement sur la matérialité et la propriété.

Pour ce faire, nous visons à exacerber les relations au grand territoire ; les relations entre les fonctions, entre le mobile et l'immobile, entre les diversités sociales, entre le privé et le public, entre l'individuel et le collectif. Nous voudrions également créer un lien d'émulation entre la consommation individuelle et l'agriculture urbaine par l'implantation d'une ferme, favoriser des rapprochements entre les habitants qui veulent faire évoluer leur logement et les artisans du bâtiment, par l'intermédiaire de l'entreprise Point P. Une activité urbaine nous semble ici plausible, car quelque chose d'unificateur et de très intense est à partager, bien au-delà de la ville : la Garonne et l'étendue végétale partant du parc aux Angéliques et nappant tout ce nouveau quartier. Structure ouverte et évolutive par excellence, le géographique constitue notre point d'ancrage. La Garonne, ses grands espaces, son climat et ses vues confèrent un patrimoine culturel exceptionnel auquel nous

its foundations in relational intelligence, a concept we wish to push to the extreme here so that an urban dynamic can gradually take hold. We wish to break with the independence and the authority of the city block, which only legitimates iconic approaches to the city and hands over all the power to developers. Politics must regain a social function in the fabrication of the city... We wish, therefore, to work on what happens between people, between the built environment and people, between people and the landscape, and not especially on materiality and ownership.

To achieve these goals, we aim to intensify relationships with the wider territory; the relationships between functions, between mobile and immobile, between social diversities, between private and public, and between the individual and the collective. We also wish to create a link to be emulated between individual consumption and urban agriculture by including a farm, and to bring inhabitants of the district who wish to adapt their housing into closer contact with artisans of the construction industry through the intermediary of the local Point P construction materials store.

Urban activity here seems plausible, because there is something unifying and very intense about sharing that extends well beyond the city: the Garonne River and its stretches of green space from the park to Les Angéliques and covering the entire neighborhood. Geography, open and evolving structure par excellence, serves as our anchor point. The Garonne, its wide open spaces, its climate and its views offer an exceptional cultural heritage we wish to connect with and to extend. Leveraging this powerful dream world, encouraging and stimulating more direct links and connections, can really facilitate the city and produce interesting and evolving phenomena.

voulons nous rattacher et que nous voulons prolonger. Cet imaginaire fort à l'appui, encourager et stimuler le plus de liaisons et de connexions directes peut réellement faciliter la ville et produire des phénomènes évolutifs intéressants. Et c'est bien la seule chose que nous voulons figer. Selon nous, la liberté et l'accueil des initiatives individuelles peuvent fabriquer les conditions de la surprise et de l'appropriation, sources de devenir et d'attachement à la ville.

Les retours d'expériences urbaines en Europe démontrent à quel point il est aujourd'hui imprudent d'organiser la ville selon des certitudes. Comment ne pas être sceptique à l'égard de l'immuabilité des théories héritées de la cité traditionnelle et sur lesquelles la ville contemporaine continue de s'appuyer : s'assurer, plutôt qu'anticiper, figer plutôt que s'adapter, planifier plutôt qu'improviser, réglementer plutôt que négocier. En effet, de telles positions ignorent la variabilité tant économique, géographique que sociale du territoire. Elles ne tiennent pas compte de ce qui peut se produire et, pire, cherchent à s'en écarter. À l'inverse, nous pensons que l'essence d'une ville repose sur son potentiel d'exploration et que tout changement est une opportunité, une source de renforcement. Il semble capital aujourd'hui d'intégrer les fluctuations, voire les bouleversements du territoire dans la pensée même du projet urbain. Notre plan-guide tente de s'appuyer sur des logiques de contingences et vise un mode d'absorption – dans le temps – des résistances naturelles, des retournements de situations ou des développements soudains. Cette approche implique de rompre avec la suprématie du trait et de la centralité, de l'identification d'une architecture à un programme. À l'inverse des processus de conception urbaine habituels qui verrouillent les activités aux enveloppes, nous pensons la programmation comme une variable positive du projet. Le programme n'est pas envisagé telle une prévision quantitative à construire, mais comme l'expression de besoins spécifiques, temporels et comme l'un des plus puissants générateurs d'atmosphères et d'usages. Pour cela, nous souhaitons étudier la possibilité d'habiter non plus des surfaces mais des « volumes capables », flexibles et évolutifs au gré des besoins,

And that is indeed the only thing we wish to freeze in place. In our view, freedom and welcoming of individual initiatives can create the conditions for surprise and appropriation, which are sources of the city's future and of its inhabitants' attachment to it.

Feedback on our urban experiments in Europe shows the extent to which it is ill-advised to organize cities based on certainties. How can one not be skeptical about the immutability of theories inherited from the traditional city and upon which contemporary cities continue to be based—that is, which assure rather than anticipate, freeze rather than adapt, plan rather than improvise, regulate rather than negotiate. In fact, positions such as these ignore the economic, geographic, and social variations of the territory. They do not take into account what can happen and, even worse, attempt to wriggle out of dealing with them. Conversely, we think that the essence of a city resides in its potential for exploration and that all change is an opportunity, a source of strength. Today, we think it is key to integrate the fluctuations, and even the upheavals of the territory, directly into our thinking about the urban project. Our master plan tends to rely on the logic of contingencies and aims to implement a mode of absorption through which—over time—natural resistances and reversals of situations can suddenly develop. This approach implies breaking with the supremacy of the line and of centrality, the identification of architecture with a program. In contrast to the usual processes of urban design, which lock all activities into envelopes, we think of programming as a positive variable of a project. The program is not seen as a quantitative forecast to be built, but rather as an expression of specific, temporal requirements, and as one of the most powerful generators of atmospheres and uses.

des changements dans la vie. Des mètres cubes au prix des mètres carrés pour accueillir indifféremment des logements, bureaux, ateliers ou entreprises. Il n'est pas de zoning ni d'enclos mais des rencontres fortuites entre l'intime et le public et entre toutes les possibilités de fonctions et de superpositions d'usages. En fondant le projet exclusivement sur des stratégies de relations, nous espérons produire une interdépendance entre chaque situation et protéger ainsi nos intentions. Revenir sur l'existence de la ferme urbaine remettrait la totalité du projet en cause, de même que déjouer l'idée des « volumes capables » ou des lanières végétales, ou encore celle des parkings des logements collectifs situés au rez-de-chaussée des maisons individuelles. En créant cette nappe d'usage et de paysage interconnectés, nous souhaitons forcer tous les acteurs à négocier ensemble et réviser leurs points de vue, s'il le faut. Ce projet offre une réflexion positive sur l'idée de mitoyenneté et d'interface, opposée à une certaine culture de l'archipel, finalement.

Plutôt que présenter un moment fini qu'il serait vain de prévoir, notre plan-guide voudrait mettre en évidence la perméabilité et l'évolutivité de volumes bâtis aux prises avec l'immensité géographique.

De toute évidence, il y a un enjeu urbain nouveau lié au paysage. Une capacité à produire des usages et relations inédits à partir de trames plus souples, aux limites flexibles. En ce qu'il peut accueillir de marges de libertés et générer de dépaysements, le paysage est à la fois la trame et le hasard. La structure et l'aventure. Deux fonctions qu'il s'agit de garder indissociables.

Pourrait-on se sentir en ville comme dans la mer, face à la montagne, ou dans une forêt ? Dans un territoire ouvert dont les repères d'urbanité sont minimisés et dont l'attention porte sur l'expérience de l'illimité ?

For this, we wish to study the possibility of inhabiting not surfaces but rather "enabled volumes," which are flexible and adaptable to changing needs, to life's changes. These are cubic meters for the price of square meters designed to receive without distinction housing, offices, studios, and companies. There is no zoning or enclosure, only fortuitous encounters between the private and the public and between all the possibilities of functions and overlapping uses. By basing our project exclusively on strategies of relationships we hope to produce interdependence between each situation, and thereby to also protect our intentions. To go back to the idea of the urban farm would put the entire project in jeopardy, undoing the idea of "enabled volumes" or green ribbons, or collective garages and housing located on the ground floor of individual houses. By layering interconnected uses and landscapes, we wish to force all the stakeholders to negotiate together and to revise their points of view, if they need to do so. All in all, this project provides a positive reflection about the idea of common ownership and interface, as opposed to a certain culture of the archipelago.

Rather than present a finished moment that would be forecast in vain, with our master plan we would like to highlight the permeability and adaptability of built volumes that must deal with geographic immensity.

There is obviously a new urban challenge linked to the landscape. The necessity of being able to produce totally new uses and relationships based on more supple frameworks, with flexible limits. In its ability to welcome liberty in its margins and to generate changes of scenery, the landscape is both the framework and the unexpected; the structure and the adventure; two functions that must remain indissociable.

Can one have the same sensations in the city as one has at sea, or facing a mountain, or in a forest? In an open territory where urban bearings are minimized and one's attention is focused on experiencing boundlessness?

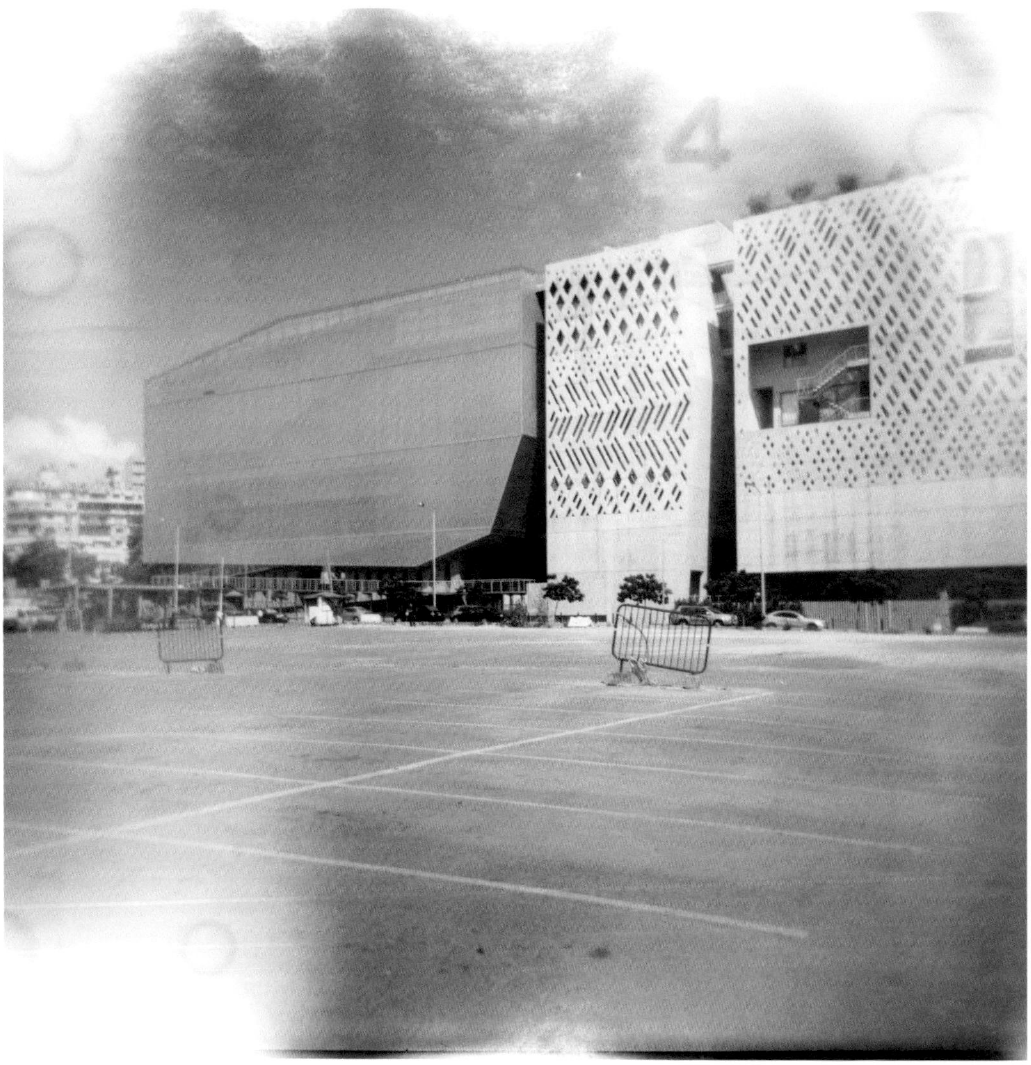

Université Saint-Joseph
(campus de l'Innovation, de l'Économie et du Sport)

Construction : 2005-2012 / Lieu : rue de Damas / Surface : 57 000 m²
Architecte : Youssef Tohme en association avec 109 Architectes
Ingénieur structure : Rodolphe Matar
Consultant génie mécanique : Ibrahim Mounayar
Consultant génie électrique : Georges Chamoun
Entreprise générale : Hakime Enterprise

Situé tout près de l'ancienne ligne de démarcation qui a divisé Beyrouth durant la guerre, le campus de l'Innovation, de l'Économie et du Sport épouse les limites de sa parcelle. Le contexte avoisinant s'apparente à un collage de bâtiments juxtaposés, situation assez caractéristique de l'urbanisme du Liban d'après guerre. Ce campus vertical, monolithique, fragmenté et ouvert, développe près de 60 000 m² de surface pour 6 000 m² d'impact au sol. Son programme multiple a été abordé de sorte à ménager autant d'espaces affectés que d'espaces indéterminés. Une grande importance est ainsi accordée au vide comme support de la mobilité, de l'appropriation, de la rencontre, telle une approche de l'architecture par l'espace public. En toiture, ce vide – exploré comme un espace de potentiel – se continue telle une grande balade en surplomb de la ville.

Saint Joseph University
(Innovation, Economics and Sports campus)

Construction: 2005–2012 / Location: Damascus Street/ Total surface area: 57,000 m²
Architect: Youssef Tohme in association with 109 Architectes
Structural engineer: Rodolphe Matar
Mechanical engineering consultant: Ibrahim Mounayar
Electrical engineering consultant: Georges Chamoun
General contractor: Hakime Enterprise

Located near the former demarcation line which divided Beirut during the war, the premises of St Joseph's Innovation, Economy and Sports campus extend right up to the perimeter of the property. The surrounding area resembles a collage of juxtaposed buildings, creating a scene that is fairly characteristic of urban development in Lebanon since the war. This vertical, monolithic, fragmented and open campus offers nearly 60,000 m² of space with a footprint of 6,000 m². The multi-purpose program focuses both on spaces with an assigned function as well as ones with an indeterminate one. The campus design relies on its voids to facilitate flows, as well as student and faculty appropriation and encounters, adopting the same sort of approach to the architecture as is applied to public space. The use of the void is repeated on the roof, which offers a space with potential, giving users the impression of taking a stroll above the city.

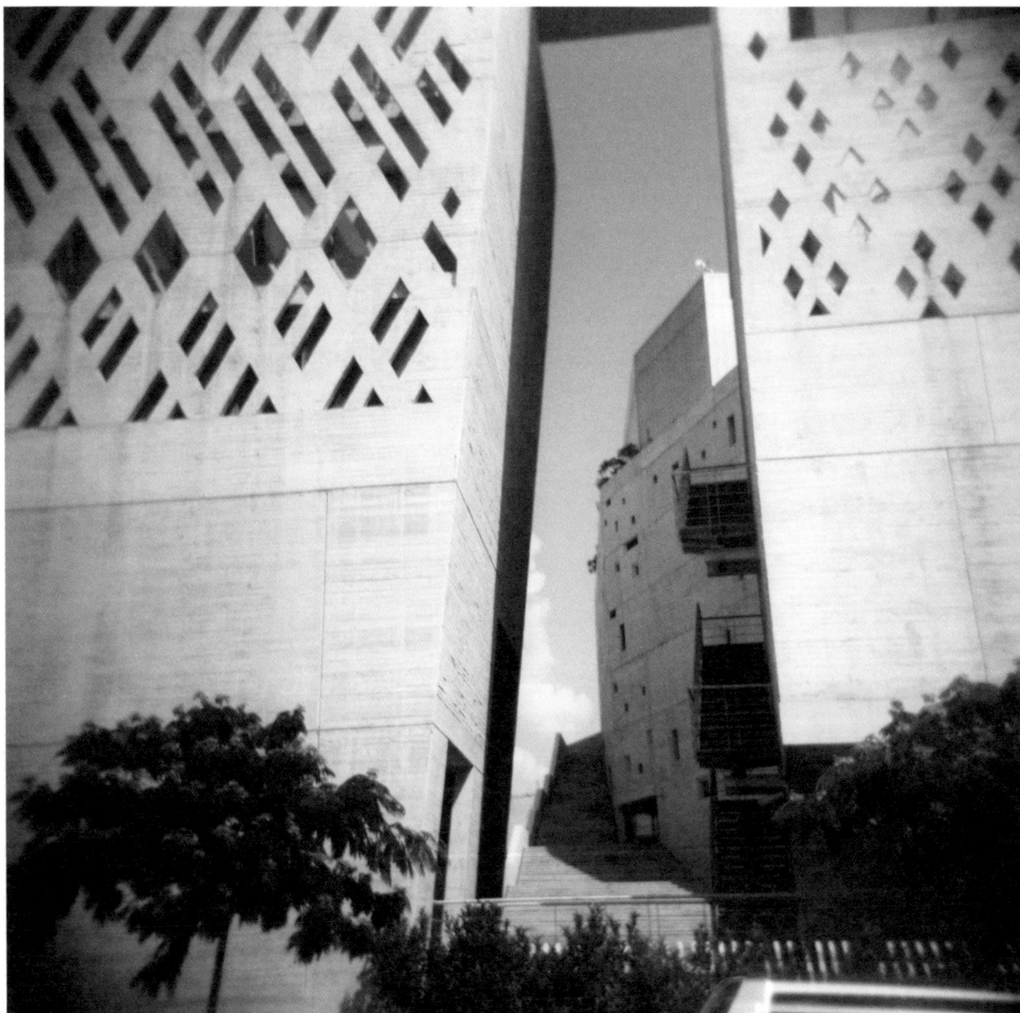

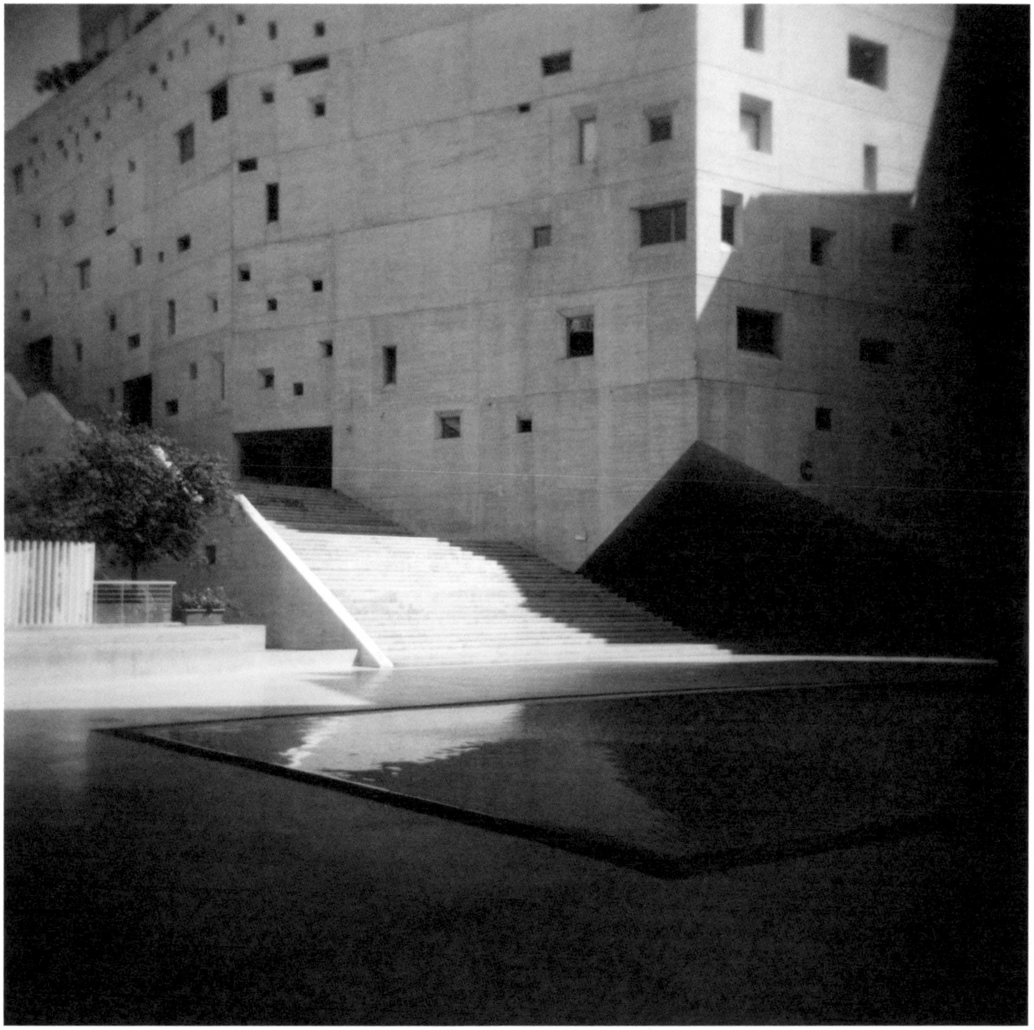

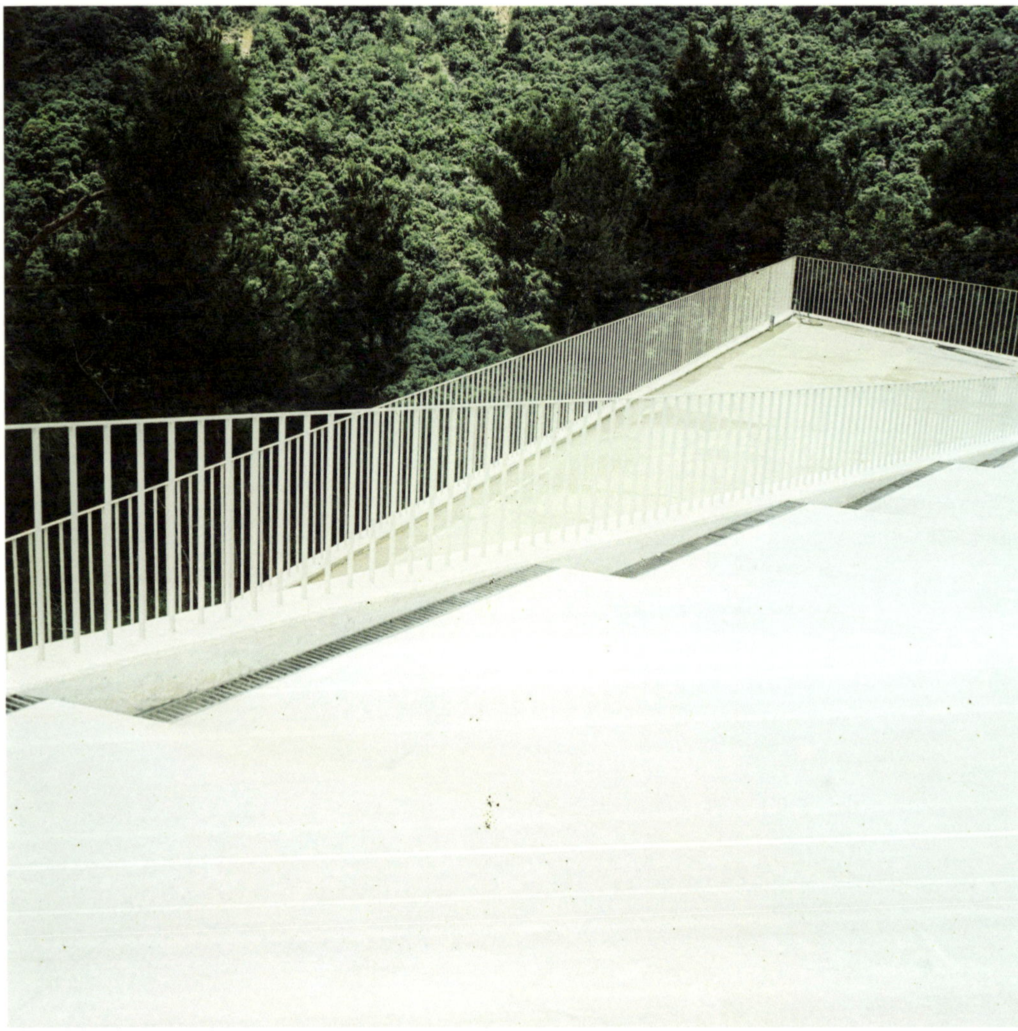

Villa T

Construction : 2008-2014 / Lieu : Kornet Chehwane / Surface : 2 500 m^2
Architecte : Youssef Tohme
Architecte associée : Anastasia Elrouss
Ingénieur structure : Nabil G. Hennaoui
Consultant génie mécanique : Roger Kazopoulo
Consultant génie électrique : Gilbert Tambourgi
Entreprise générale : Hakime Enterprise
Entreprise de finition : Khater Contracting Group

Accrochée à un terrain rocheux et pentu dans un environnement existant caractérisé par sa forêt de pins et sa vue intense sur Beyrouth et la mer, cette maison est quasi invisible en surface. Elle n'offre aucune image. Hors d'échelle et presque sans murs, elle remet en cause l'idée de limite et de norme au sein de l'espace domestique. Sa structure étagée est constituée de trois grandes nappes de béton habitables et débordantes. Les sols superposés en porte-à-faux accueillent les éléments de programme et communiquent entre eux au moyen d'une rampe qui traverse l'intérieur de la villa. Ses planchers ouverts constituent des incisions horizontales très structurantes dans le paysage escarpé. La villa se prolonge dans le vide, avec le vide. Elle n'a pas de peau, pas d'enveloppe. Elle n'est qu'un intérieur qui s'étend vers Beyrouth. Son unique façade de verre s'étend sur 50 m et pousse l'habitant dans des situations quotidiennes extrêmes.

Construction: 2008–2014 / Location: Kornet Chehwane / Total surface area: 2,500 m^2
Architect: Youssef Tohme
Partner architect: Anastasia Elrouss
Structural engineer: Nabil G. Hennaoui
Mechanical engineering consultant: Roger Kazopoulo
Electrical engineering consultant: Gilbert Tambourgi
General contractor: Hakime Enterprise
Construction finishing company: Khater Contracting Group

Perched atop a steep and rocky terrain in an environment of pine forests, with breathtaking views of Beirut and the sea, this house is virtually invisible on the surface. It offers no profile. Outsized and almost without walls, it questions the idea of a limit and a norm in domestic space. Its staggered structure is comprised of three main inhabitable and overhanging layers of concrete. The superimposed, cantilevered floors contain the features of the program and communicate with each other by means of a ramp running through the interior of the villa. These open-plan floors are highly structuring horizontal incisions in this rugged landscape. The villa extends into and with the void. Without a skin, without an envelope, it is merely an interior reaching toward Beirut. Its only façade, in glass, stretches for 50 m, and pushes the occupant into extreme every-day situations.

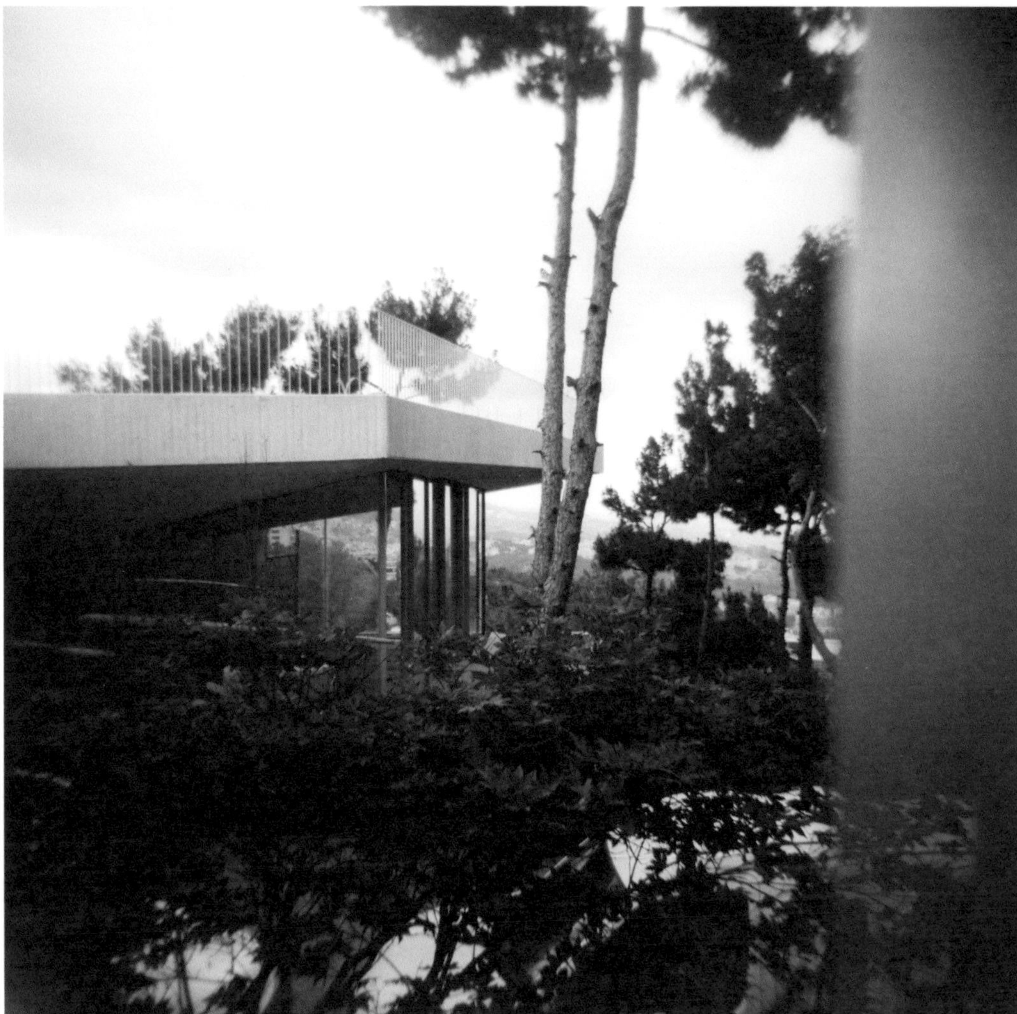

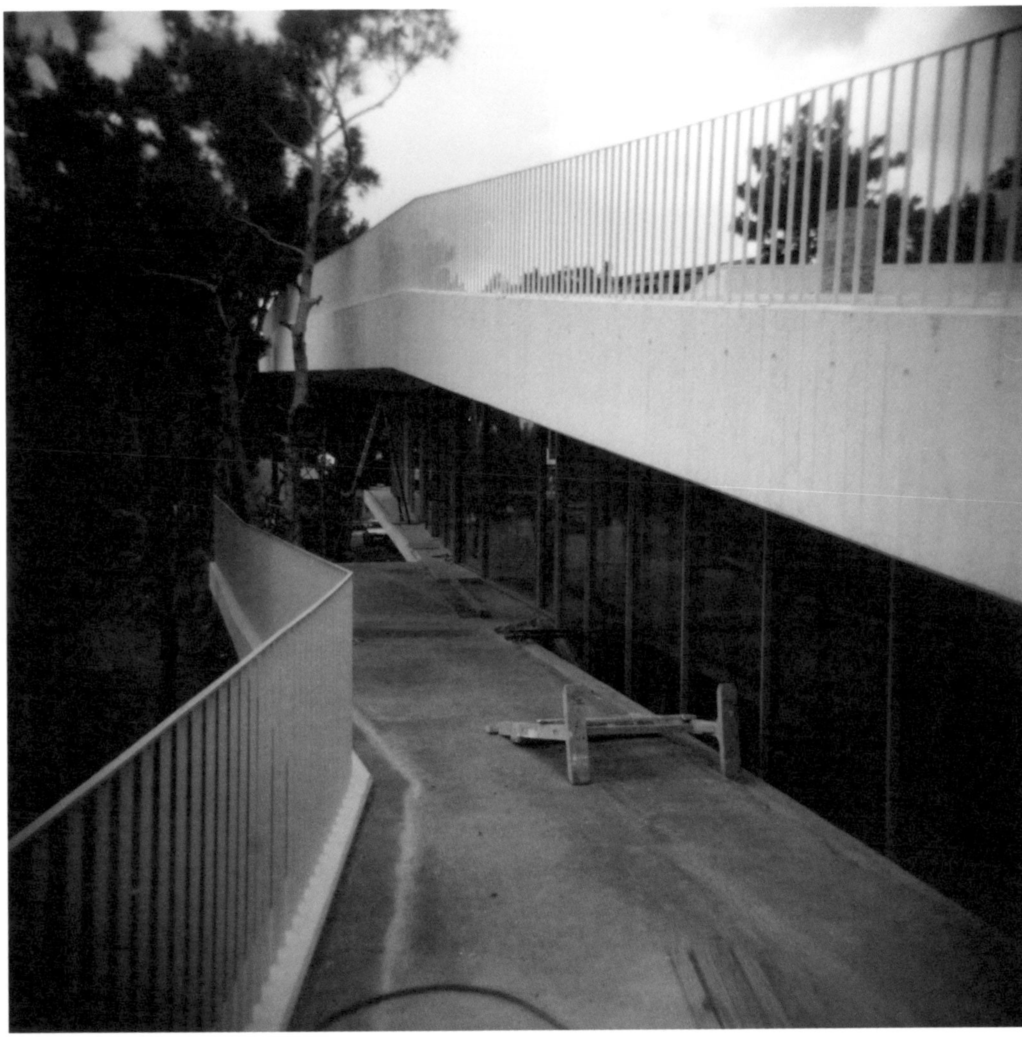

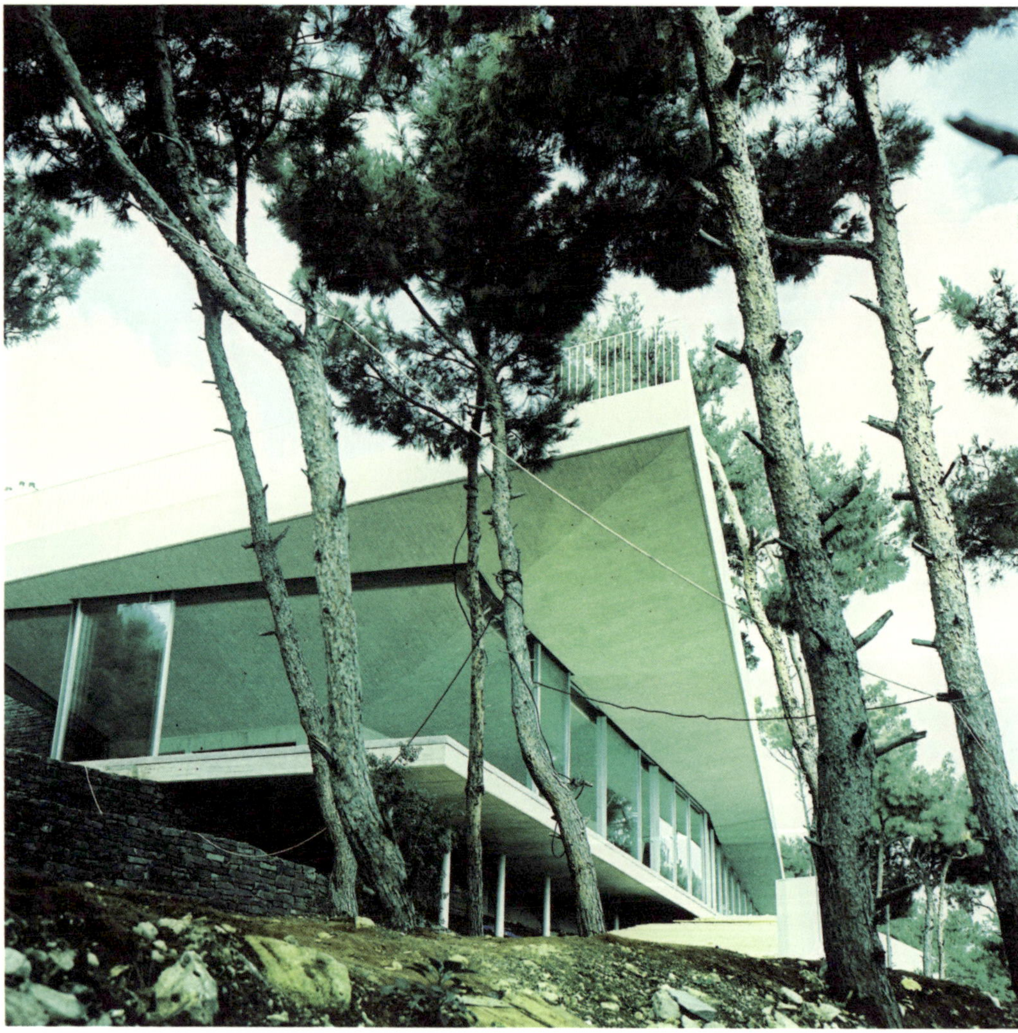

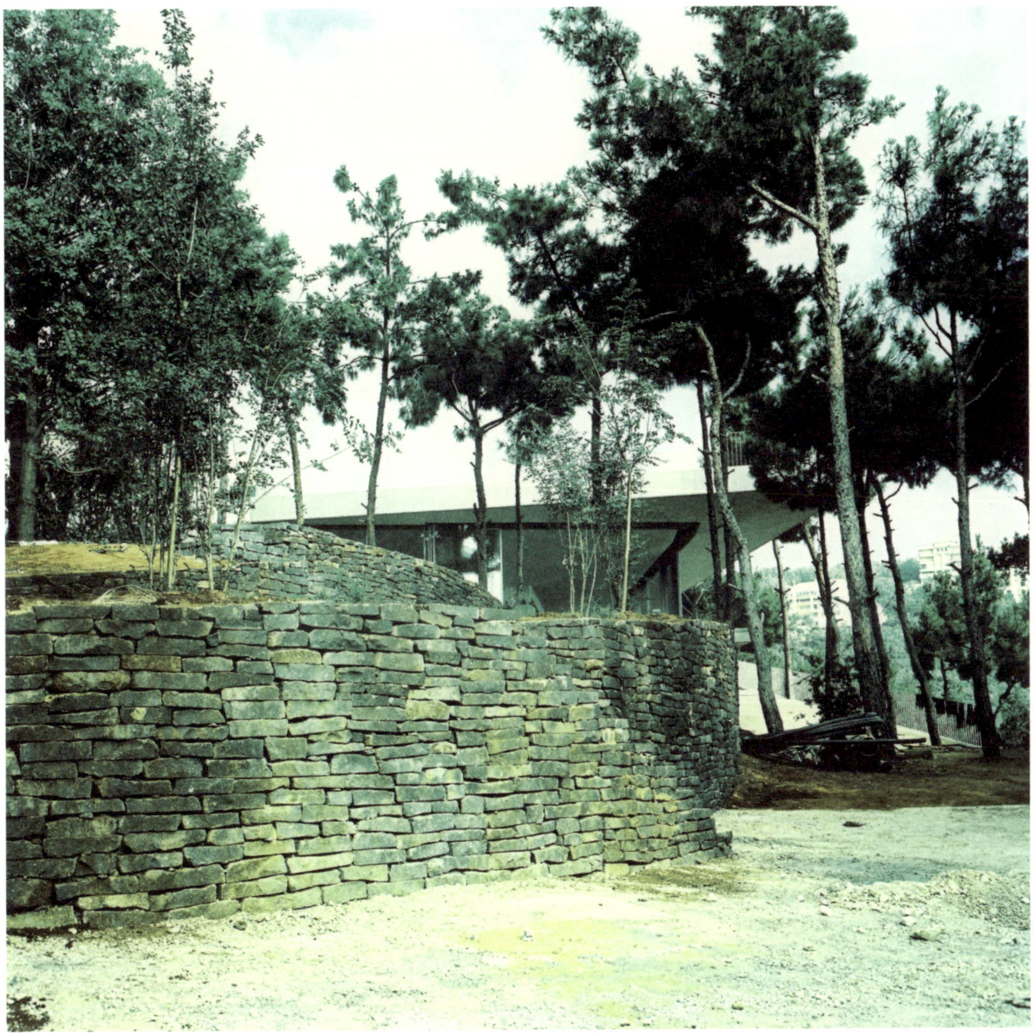

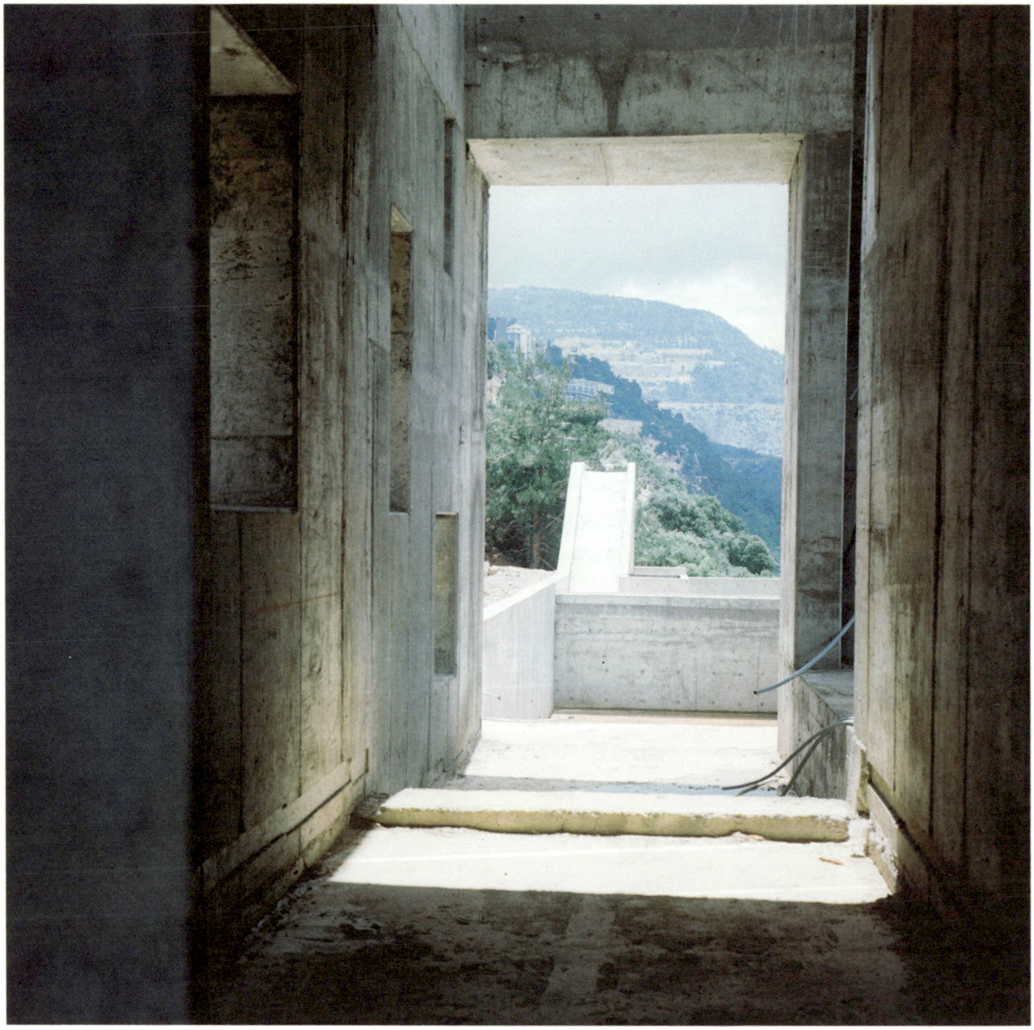

Villa M

Construction : 2009-2014 / Lieu : Kornet Chehwane / Surface : 1 800 m²
Architecte : Youssef Tohme
Architecte associée : Anastasia Elrouss
Collaborateurs architectes : Lea Ghorayeb, Lena Azar, Caline Mahrouk
Ingénieur structure : Nabil G. Hennaoui
Consultant génie mécanique : Roger Kazopoulo
Consultant génie électrique : Gilbert Tambourgi
Entreprise générale : Hakime Enterprise

Implantée contre un flanc de montagne très escarpé, cette villa surplombe d'ouest en est la côte de Beyrouth avec les vertes vallées du Metn et les collines libanaises.
À proximité de la route principale en surplomb, le projet s'apparente à un monolithe dont il est difficile de percevoir des détails. La double stratégie de prolongement de la maison avec le paysage extérieur et d'intégration de ce paysage dans l'espace intérieur de la maison crée un sentiment contradictoire entre liberté et confinement. Libérée de toute structure intérieure et donnant face à Beyrouth et à la mer, la maison est caractérisée par ses multiples escaliers générateurs d'expériences spatiales particulières. Ainsi, chaque nouvel espace devient la zone intermédiaire de celui qui lui succède, partie prenante d'une dynamique de circulation à double sens. Espace transitionnel également, la piscine se développe depuis la terrasse jusqu'à l'entrée, marquant une articulation forte entre le bâti et la nature. Les espaces d'entrée et de réception ouvrent sur une terrasse en surplomb de la vallée.

Construction: 2009–2014 / Location: Kornet Chehwane / Total surface area: 1,800 m²
Architect: Youssef Tohme
Partner architect: Anastasia Elrouss
Staff architects: Lea Ghorayeb, Lena Azar, Caline Mahrouk
Structural engineer: Nabil G. Hennaoui
Mechanical engineering consultant: Roger Kazopoulo
Electrical engineering consultant: Gilbert Tambourgi
General contractor: Hakime Enterprise

Hanging onto a steep and rugged mountainside, this villa overlooks the green valleys of the Metn district and the Lebanese hills.
Close to the main road passing further up the mountain, the project looks like an imposing monolith whose features are hard to discern. A conflicting sentiment of freedom and confinement results from the dual strategy of extending the house out into the landscape and integrating it into the side of the mountain. The totally open plan of this house, facing Beirut and the sea, is characterized by its multiple stairways that create unusual spatial experiences. Each new area becomes the transition zone of the next, accentuating the dynamic of two-way circulations. The swimming pool, another transitional area, extends from the terrace all the way to the main entry, underscoring the rapport between building and nature. The entry and reception areas open onto a terrace overlooking the valley.

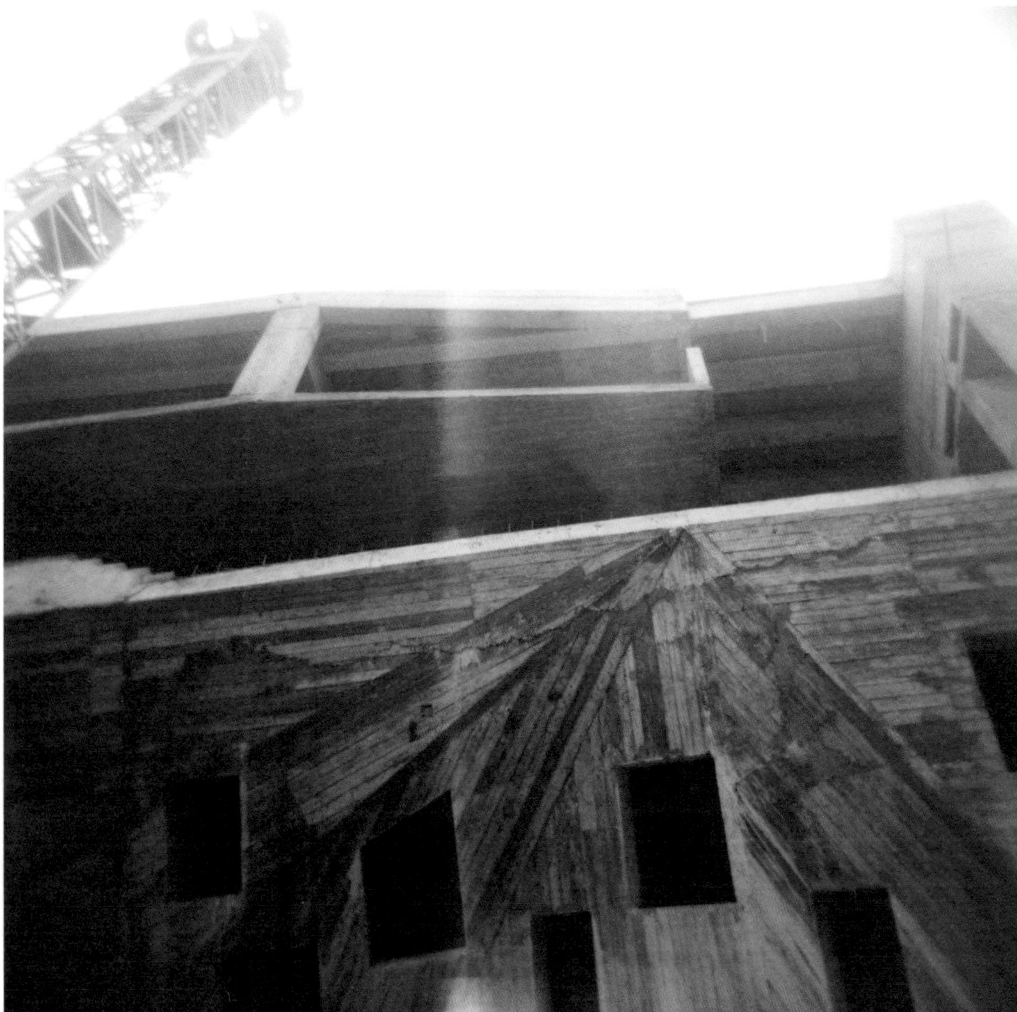

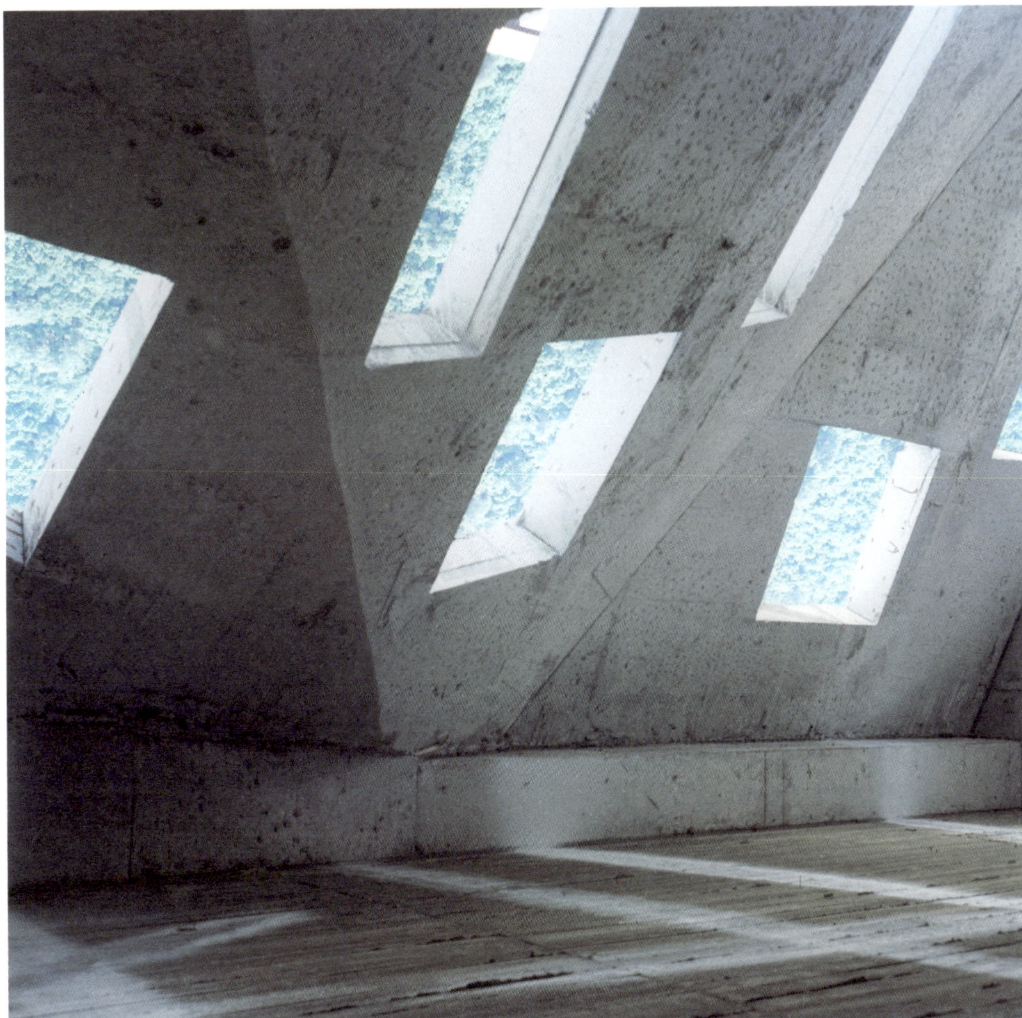

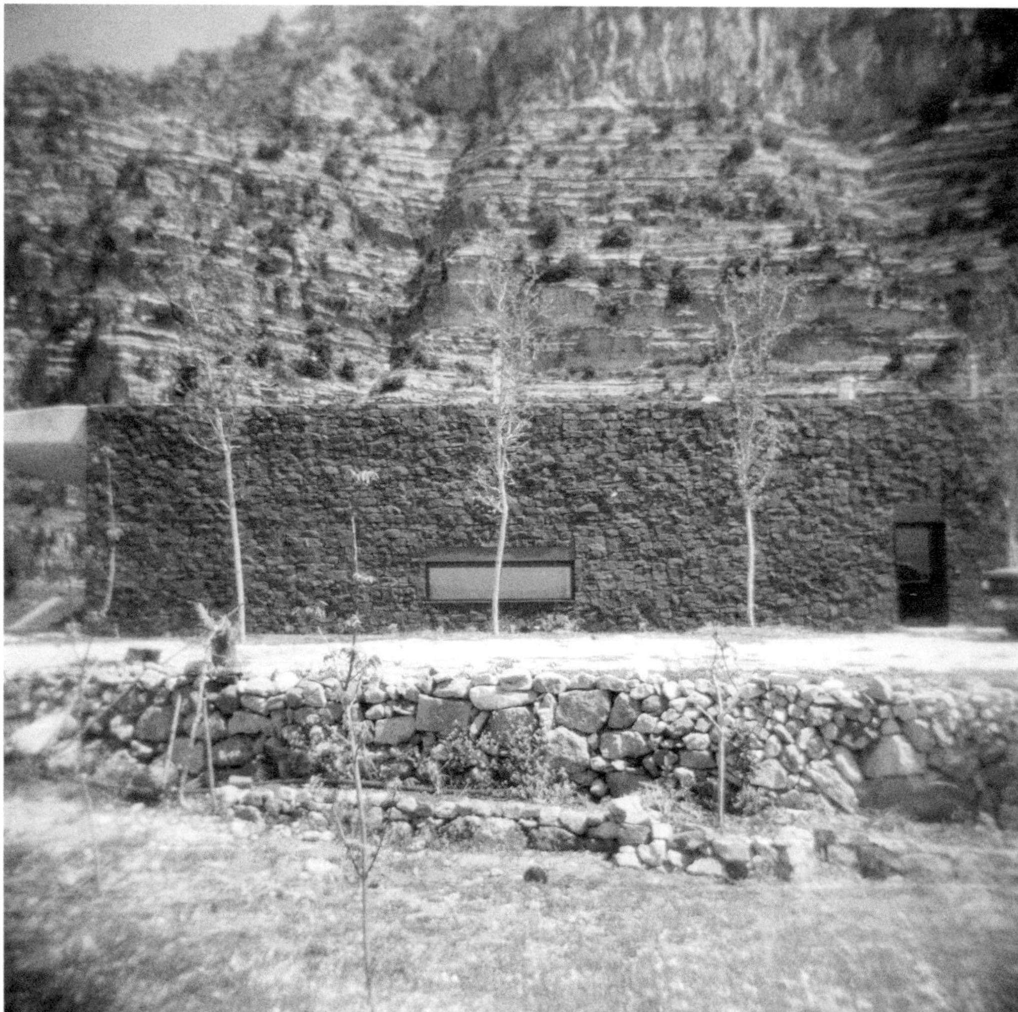

Villa SC

Construction : 2010-2013 / Lieu : Akoura / Surface : 450 m²
Architecte : Youssef Tohme
Architecte associée : Anastasia Elrouss
Chef de projet : Muhammad Mahdi / Ingénieur structure : Esmat Elhachem
Consultant génie mécanique : Roger Kazopoulo
Consultant génie électrique : Gilbert Tambourgi
Entreprise générale : Layout Contracting & Consulting

Implantée sur un versant du Mont-Liban à 1 500 m d'altitude, 70 km de Byblos, 34°7'0" N, 35°54'0" E, dans le village d'Akoura, cette maison occupe un petit plateau bordé d'une pente très escarpée. Suivant une organisation en U, l'aménagement de la villa obéit à une volonté de décomposer et d'intérioriser le contexte pour mieux le donner à percevoir. Les vues latérales depuis le salon ne cadrent pas la route mais la partie supérieure de la montagne comme pour se soustraire à l'environnement trivial. Dans les chambres, les relations visuelles avec les flancs du paysage, le ciel ou l'espace central sont minutieusement contrôlées par des percements modérés. Seules les vues face à la vallée sont totalement ouvertes. Les espaces de la maison laissés à l'air libre – un patio, une terrasse sous porte-à-faux – ont une fonction déterminante. Leur habitabilité permet un corps à corps entre l'homme et la montagne. Le patio, dont le sol irrégulier est resté à l'état de terre retournée, est clos sur seulement trois côtés. Il ouvre tout à la fois sur la roche de la montagne à l'est et sur le vide de la vallée à l'ouest. Il fait office de pièce en plein air plutôt que d'espace « commun ».

Construction: 2010–2013 / Location: Akoura / Surface area: 450 m²
Architect: Youssef Tohme
Partner architect: Anastasia Elrouss
Project architect: Muhammad Mahdi / Structural engineer: Esmat Elhachem
Mechanical engineering consultant: Roger Kazopoulo
Electrical engineering consultant: Gilbert Tambourgi
General contractor: Layout Contracting & Consulting

This house, located on the side of Mount Lebanon at an altitude of 1,500 m, 70 km from Byblos, 34°7'0" N, 35°54'0" E, in the village of Akoura, stands on a little plateau at the edge of a steep and rugged slope.
The villa has a U-shaped layout, to meet the requirement to decompose and interiorize the context in order to enhance its visibility. Side views from the drawing room frame not the road above but rather the even higher slopes of the mountain, as if attempting to erase the banality of the immediate environment. The visual relationship between the bedrooms and the mountain slopes, the sky and the central space of the house, are highly restricted by relatively narrow apertures. Only the views facing the valley are entirely open. The living spaces of the house are left wide open – onto a patio, and a terrace under a cantilever – and have a key function. Their spaciousness enables occupants to maintain a direct relationship with the mountain. The patio, whose irregular ground is left in the state of churned-up earth, is only enclosed on three sides. It opens onto both the solid rock of the mountain rising to the east and the void of the valley stretching out to the west. It serves more as an outdoor room than a "common area."

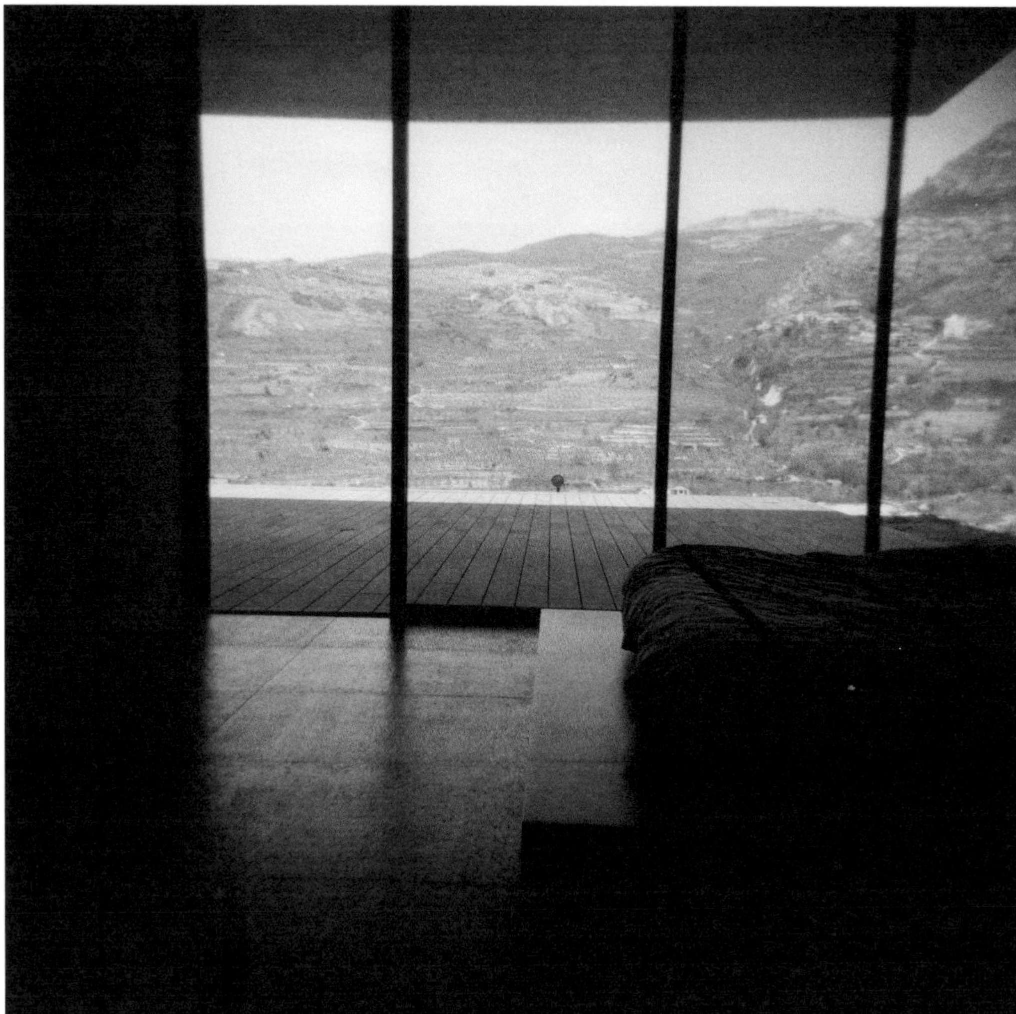

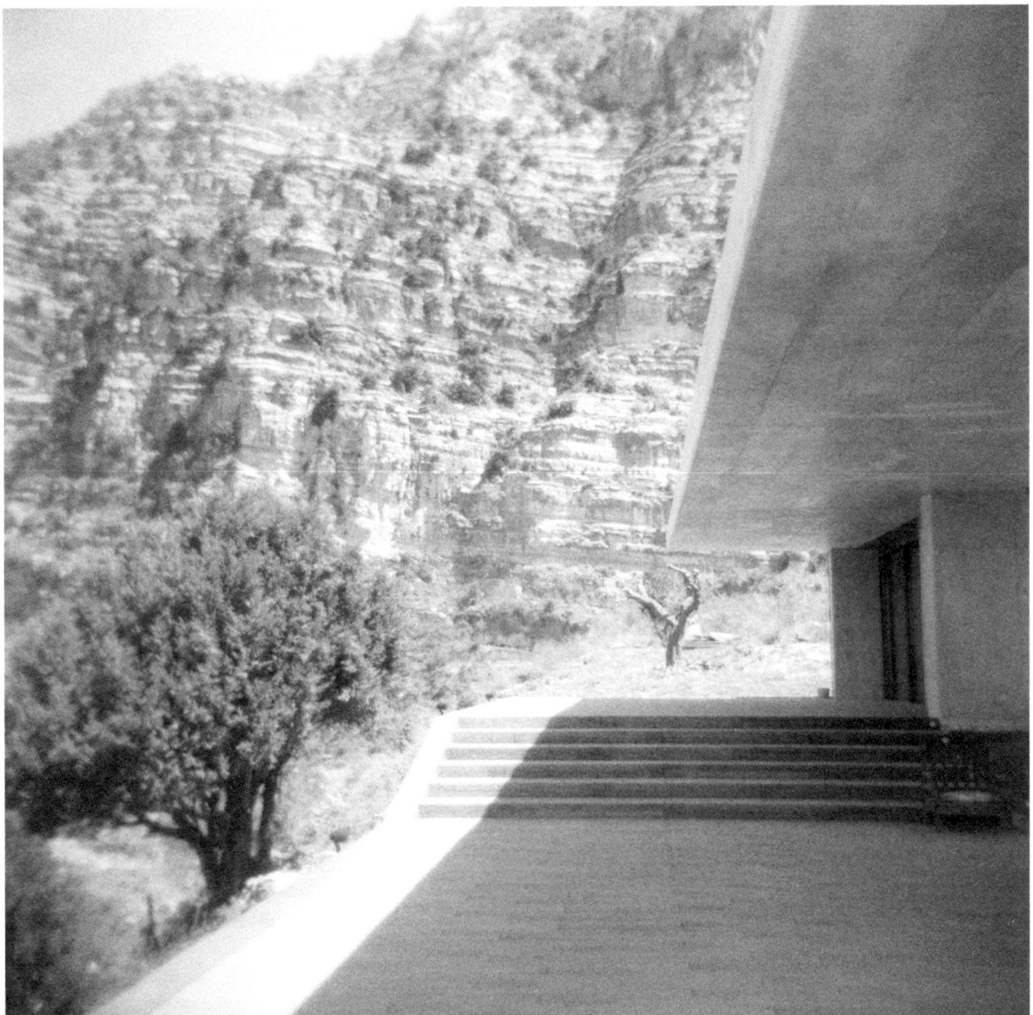

« À Beyrouth, il me plaît de chercher les portes magiques, les rivières de voitures,
les manières de passer dans un autre monde.
Il me plaît aussi de démasquer les immeubles espions. »

"In Beirut, I love to seek out magic gates,
rivers of cars and the ways of passing
into another world. I also love to unmask
buildings that spy on you."

Entretien avec l'architecte Tony Chakar

Karine Dana : À Beyrouth, la force de l'espace de débordement saute aux yeux. Un espace intermédiaire, subjectif et imprévisible constitutif de l'activité urbaine. Je ne voudrais pas m'arrêter à cette dimension enthousiasmante mais la mettre en vis-à-vis d'une certaine contre-pensée de l'impérialisme occidental. Cette part de la subjectivité vous touche-t-elle en tant qu'architecte ?

Tony Chakar : Une journaliste de la BBC m'a contacté en 2010 pour écrire un article sur Beyrouth. Elle voulait parler de l'une des promenades architecturales que j'organise dans la ville. Le contact ne s'est pas vraiment établi entre nous, mais, quelque temps plus tard, a paru « Ugly Beyrouth », son article qui raconte une ville laide, pleine de nostalgie, plombée par une population qui pleure ses vieilles demeures. Le souvenir d'un ancien Beyrouth qui était beau et son désenchantement envers un nouveau Beyrouth pas encore né. Ce discours n'est pas nouveau. Il date de la fin de la guerre, en 1990. Il visait initialement la reconstruction de Solidere qui, dans les mains du grand capitalisme sauvage (comme s'il pouvait en être autrement !), a conduit à la destruction de quantité de maisons traditionnelles. C'est certes vrai, mais nous traînons ce sujet depuis vingt ans. Ce discours nous précède toujours. Je pense que l'on peut prendre

Interview with the architect Tony Chakar

Karine Dana: In Beirut, the power of an overflow area stands out immediately. An in-between, subjective and unpredictable space enabling the existence of urban activity. I would not want to mention this thrilling aspect and then just leave it at that, but rather would like to posit it as a sort of counterpoint to Western imperialism. Does this element of subjectivity affect you as an architect?

Tony Chakar: A journalist from the BBC contacted me in 2010 to write an article on Beirut. She wanted to talk about one of the architectural walks I organize around the city. However, we never were able to really establish a good rapport, and sometime later her article "Ugly Beirut" came out, in which she tells the story of an ugly city, full of nostalgia, weighed down by a population lamenting its stately old homes and the memory of an old Beirut that was beautiful and its disenchantment with the new as-yet unborn Beirut. This idea is not a new one. It dates from 1990 and the end of the war. The target was initially the Solidere reconstruction program, which, in the hands of unbridled global capitalism—how could it have been otherwise!—led to the wholesale destruction of many traditional houses. Of course, that was true, but we have been shuffling around with this story for twenty years now. It is what always precedes us.

On ne peut comprendre une ville qu'en la laissant pénétrer par notre peau.

la question du débordement et de la subjectivité en la faisant démarrer autrement, par ce qui est au-delà du visuel. Pourquoi fonderait-on l'appréciation que l'on a d'une ville sur des valeurs purement visuelles ? Cette question nous conduit à remonter à la Renaissance italienne, et à l'arrivée de la perspective et de la rationalisation des phénomènes visuels. Quand Brunelleschi veut dessiner le baptistère Saint-Jean à Florence, il raconte qu'il y a quelque chose d'excessif dans ce qu'il perçoit et ne peut dessiner. Il utilise donc de l'argent bruni pour exprimer le ciel et les nuages, formes qu'il se refusait à représenter. Ce qui dépasse le rationnel ne serait pas représentable, comme l'Amour, le Dieu. Cette démesure est précisément ce qui m'intéresse dans Beyrouth.

À travers les promenades urbaines que je coordonne, je rejoins la position de Walter Benjamin : on ne peut comprendre une ville qu'en la laissant pénétrer par notre peau. Ce n'est pas rien !

Cet excessif est une expérience. Quand je me promène dans le quartier d'Achrafieh à Beyrouth, en allant vers le lycée français, le tissu est très serré et organisé. Mais soudain, il se modifie, les routes perdent leurs trottoirs et cela sent le village, concrètement, pendant quelques dizaines de mètres. Puis l'on retrouve la ville. Ce phénomène n'est pas représentable. Il en est de même des mémoires, des images d'un passé que je connais, d'un passé lié à la guerre. Des images évanescentes dans le sens où plus on les regarde plus elles s'éloignent, comme dans le film *Roma* de Fellini, où l'image d'une ancienne villa romaine resurgit par hasard après des fouilles, mais ses fresques disparaissent quelques minutes plus tard du fait de l'oxygénation. L'archéologue pleure,

I think we can approach the issue of overflow and subjectivity from a different starting point, because it is more than just a visual one. Why should we base our appreciation of a city purely on visual values? This question takes us back to the Italian Renaissance, and the invention of perspective and the rationalization of visual phenomena. When Brunelleschi was drawing the St. John Baptistery in Florence, he recounts that there was something in excess in what he was perceiving but could not draw. He used tarnished silver to express the sky and the clouds, forms he refused to depict. What was beyond the rational, like Love or God, could not be represented. But it is precisely this excess in Beirut that interests me.

These urban walks I coordinate bring me close to Walter Benjamin's position, which was that one could only understand a city by allowing it to penetrate one's skin. Which is quite significant!

This excess is an experiment. When I am walking around the Achrafieh neighborhood in Beirut, in the direction of the French Lycée, the urban fabric is tightly woven and organized. But suddenly, for a few dozen meters, there is a shift, streets lose their sidewalks and it starts to really feel like a village. Then, just as suddenly, you are back in the city. This phenomenon cannot be represented. And the same is true for memories, the images of a past that I know, of a past enmeshed in the war. Evanescent images, in the sense that the longer one looks at them the more fleeting they appear, like Fellini's *Roma*, when the image of an ancient Roman villa happens to appears in the midst of excavations, but the fresco just vanishes after a few minutes because of the phenomenon of oxidation. The archeologist cries but nothing can be done. The only way to have kept them would have been to make another image. A photograph, perhaps. Conversely, the moment when we take photos of things is an indication of their disappearance in the near future.

mais on ne peut rien faire. Le seul moyen de les conserver eût été d'en faire une autre image. Une photographie, peut-être. Inversement, le moment où l'on commence à photographier les choses est un indice de leur proche disparition.

K. D. : Quelle place accordez-vous à la production d'images dans votre travail ?

T. C. : Je cherche à travailler sur la notion simultanée d'image et de texte. La Renaissance a marqué leur séparation, or je trouve cette rupture artificielle. D'ailleurs, si l'on se place du point de vue de la tradition orthodoxe, on parle d'« écrire une icône ». Notre histoire m'a permis de remettre en question cette séparation image/texte qui dissocie la technique de la poésie, l'extérieur de l'intérieur, le politique du domestique. Les énormes cages d'escalier des maisons traditionnelles libanaises, ne distribuant pourtant que deux étages, traduisent un espace domestique qui déborde vers l'extérieur, tel un autre intérieur en lien avec la rue pour communiquer sans sortir. Cet espace de négociation, surtout utilisé par les femmes, brise la dichotomie entre l'intérieur et l'extérieur. Une opposition très européenne.
Je me suis vraiment rendu compte de la violence de la notion de façade quand j'ai séjourné en Hollande, chez un ami. J'étais seul dans l'appartement, j'ai pris un bain, écouté de la musique baroque et me suis installé sur le canapé du salon. Les sons de la ville étaient absorbés par la neige. J'étais au chaud à l'intérieur. Les passants marchaient dans le froid. Je les voyais se déplacer derrière les grands panneaux vitrés du salon. Il y avait la ville entre nous mais beaucoup plus encore : toute cette idéologie de la façade.
Au Liban, il n'y a jamais de séparation absolue. La façade est toujours une question négociable, même aujourd'hui. Il y a une porosité, une non-définition de ce qui est domestique et public. On peut le comprendre à travers l'architecture et cela me fascine.

In Lebanon, there is never this sort of absolute separation. The façade is always a negotiable issue, even today.

K. D.: How important is the making of images in your work?

T. C.: I try to work on the simultaneousness of the idea of image and text. The Renaissance marked their separation, but I find this an artificial rupture. In the traditional Orthodox point of view, one speaks of "writing an icon." Our history has allowed me to question this separation of image from text, which results in the dissociation of technique from poetry, the exterior from the interior, the political from the domestic. The enormous staircases of traditional Lebanese homes, which merely served two floors, are the sign of a domestic space overflowing to the exterior, like another interior linked with the street, to be able to communicate without going outside. This space for negotiation, especially used by women, breaks the dichotomy of interior versus exterior which is a very European opposition.
I really became aware of the violence of the concept of the façade when I sojourned in Holland, at a friend's place. I was alone in the apartment, took a bath, listened to baroque music and sank into the couch in the living room. The sounds of the city were being absorbed by the snow. I was all warm inside. The passers-by were trudging through the snow in the cold. I saw them moving by from behind the big plate-glass windows of the living room. There was the city between us, but much more than just that. There was also this whole ideology of the façade.
In Lebanon, there is never this sort of absolute separation. The façade is always a negotiable issue, even today. There is a porosity, an undecidedness

Youssef Tohme : Quand je suis allé en Hollande, j'ai vécu l'inverse de votre expérience. J'étais dehors et je voyais les gens vivre à l'intérieur de leur maison. Je me disais que c'était la première fois que je percevais l'absence de façade. Je peinais à comprendre comment les habitants me laissaient pénétrer leur intimité.

T. C. : Il faut resituer cette expérience dans la culture protestante : je te montre que je ne veux pas me cacher, en même temps, je ne te montre pas exactement ma vie. Ces espaces derrière les façades ne sont que des vitrines.

Y. T. : Oui, mais le phénomène d'interaction que permet ce dispositif est intéressant. En France, la mixité commerces-bureaux-logements est forcée pour qu'il y ait des échanges dans la ville. J'ai l'impression que, en Hollande, ces combinaisons ne sont pas utiles. Les logements ouverts offrent un niveau d'échange avec la ville suffisant pour qu'il y ait interaction. Nul besoin d'ajouter à cela.

T. C. : Oui, mais la situation est fausse ! On ne vous invite pas à regarder les vrais intérieurs hollandais. Ces vitrines ne sont pas vraiment habitées.

Y. T. : Ce niveau d'échange m'a pourtant suffi pour me balader dans la rue. Je n'ai pas rebroussé chemin, je me suis senti bien et cela m'a donné envie d'avancer encore. Créer de l'urbain simplement avec la sphère du privé et du domestique est un axe de travail porteur.

K. D. : Le Liban et la Hollande entretiennent d'étonnantes correspondances...

T. C. : Oui, c'est probablement le pays avec lequel il y a le plus de rapprochements et de contrastes à observer. La Hollande est une nation maritime avec une histoire turbulente au même titre que le Liban. Deux petits pays dynamiques pris dans une région, à part.
Pour revenir à l'espace de débordement, les Hollandais parviennent à l'organiser et l'anticiper pour la collectivité. Au Liban, il relève d'initiatives individuelles

Creating the urban by blending it simply with the private and domestic sphere is a profitable area to work in.

concerning what is domestic and what is public. And what fascinates me is that this can be understood through architecture.

Youssef Tohme: When I was in Holland, my experience was the opposite of yours. I was outside and I saw the people living inside their homes. I thought to myself that it was the first time I had ever perceived the absence of a façade. I had a lot of trouble understanding how these people could allow such an invasion of their privacy.

T. C.: You have to place this experience in the context of Protestant culture, in which "I show you that I have nothing to hide, while at the same time, I do not show you my true private life." The spaces just behind the façades are simply display windows.

Y. T.: Yes, but the phenomenon of interaction this arrangement makes possible is interesting. In France, the blending of shops, offices and housing is organized to ensure there are exchanges in the city. My impression in Holland is that these combinations are not useful. Housing units offering a level of exchange with the city are enough to foster interaction. There is no need to add to that.

T. C.: Yes, but this sets up a fake situation! You are never invited to see genuine Dutch interiors. These display cases are not really lived in.

Y. T.: And yet, this level of interaction was enough for me as I strolled down the street. I never backtracked because of it. I felt comfortable and this encouraged me to carry on even further. Creating the urban by blending it simply with the private and domestic sphere is a profitable area to work in.

spontanées et d'un entendement commun, d'une négociation. C'est une autre forme d'organisation. Il faudrait peut-être envoyer les Libanais en Hollande et vice versa !

Y. T. : La façon dont l'autoroute de Dora, qui traverse Beyrouth, est aménagée de part et d'autre de ses voies constitue un bon exemple de la manière dont les Libanais occupent le territoire et en repoussent les limites. Cette prise de liberté individuelle sur le règlement et le territoire donne un faux sentiment de chaos. Les pratiques sont organisées, mais en dehors de l'État.

T. C. : Il n'y a pas d'un côté le chaos que l'on voudrait dompter mais qui fascine et, de l'autre, une organisation exagérée qui ennuie. Le chaos n'existe pas. Il y a toujours un système. Au Liban, c'est le *eyes contact*. Aussi, la double situation liée à la double ligne d'horizon – mer et montagne – appelle des positions politiques particulières. Le débat qui a porté en 2008 sur la place des Martyrs est à ce sujet éloquent. Fallait-il ouvrir la place des Martyrs sur la mer ou sur la montagne ? Que regarde Beyrouth ? La mer ou bien la ville située à l'extrémité de l'empire arabe, qui regarde la montagne ? Quand on pense à la mer, à quoi pense-t-on ? La mer était à l'origine une promesse de départ. Cette vision a disparu et je trouve cela déraisonnable.

Y. T. : Par ce jeu de double horizon, les Libanais portent en eux la culture de l'alternative : toujours pouvoir partir. J'essaie de questionner cet impact dans mes projets en travaillant à leur capacité à produire du silence, de la stabilité et tout à la fois de l'échappement et des déplacements multiples. Paradoxalement, je crois que ce pouvoir de l'horizon à porter nos rêves de partance nous rend individualistes et affaiblit notre pouvoir de révolte. Ce constat est attristant.

K. D. : Comment la ville de Beyrouth digère-t-elle toutes ces contradictions ?

T. C. : Beyrouth peut être à la fois très violent et clément.

K. D.: Lebanon and the Netherlands have a surprising number of similarities...

T. C.: Yes, it is probably the country with the greatest number of observable similarities and contrasts. The Netherlands is a seafaring nation with a turbulent history, much like Lebanon; two dynamic little countries caught up in a larger region, but nevertheless apart.
Getting back to the overflow space, the Dutch manage to organize and anticipate for the collective good. In Lebanon, there is more a phenomenon of spontaneous individual initiatives and a shared understanding, one of negotiation. It is another type of organization. Perhaps we should send the Lebanese to the Netherlands and vice versa!

Y. T.: The way the suburb of Dora is laid out on either side of the highway as it cuts through Beirut is a good example of the way the Lebanese occupy the territory and push against its limits.
The individual liberty taken with regard to regulations and the territory give a false appearance of chaos. Practices are organized, only beyond the purview of the state.

T. C.: It is not as if on one side there is a sort of chaos that needs to be brought under control but that is nevertheless fascinating and on the other, a boring overly regulated place. Chaos does not exist. There is always a system. In Lebanon, it is eye contact.
There is also its dual situation, owing to the double line of the horizon—sea and mountain—engendering specific political positions. The debate in 2008 over the Martyrs' Square revealed a great deal about this. Should Martyrs' Square face the sea or the mountain? What does Beirut look at? The sea, or rather the city located at the edge of the Arab Empire, the one looking at the mountain? When we think about the sea, what are we thinking about? The sea used to promise the possibility of departure. This vision has disappeared and I find that unreasonable.

La ville s'est développée entre deux collines. Avant les années 1960, les routes tournaient autour des collines, puis elles ont cessé de négocier avec le paysage pour le traverser. Que se passe-t-il quand une société n'échange plus avec une colline et se contente de la couper ?
Beyrouth connaît l'euphorie des sentiments. Certains lui prêtent le visage hideux de l'autodestruction, alors que la ville vit aussi des moments profondément à part, des calmes particuliers. Je n'arrive pas à la capter. Si je la comprenais, je partirais.
Je n'ai pas le sentiment que Beyrouth est une ville mais plutôt une énorme quantité de fragments que la population tient par sa présence. C'est stupide mais je m'en convaincs. Comme tous les prisonniers, je fais des plans pour en partir, même si finalement je reste. Beyrouth est un centre sans en être un. Sa relation avec le reste du pays est complexe. Il ne fonctionne pas comme un milieu absolu car il subsiste comme une sorte d'aberration.
La relation de la périphérie à la ville est surtout visuelle et fantasmée. À chaque nouveau bâtiment, un encart publicitaire clame que l'immeuble est proche de Beyrouth ou qu'il regarde Beyrouth. Les banlieues ne sont pas indépendantes de la ville, et en même temps il y a une sorte de fierté beyrouthine dans le sens où les habitants savent qu'ils sont différents. Mais c'est un phénomène métropolitain mondial : Paris n'est pas la France, Berlin n'est pas l'Allemagne, New York n'est pas les États-Unis.
À Beyrouth, il me plaît de chercher les portes magiques, les rivières de voitures, les manières de passer dans un autre monde. Il me plaît aussi de démasquer les immeubles espions. Ceux qui se sont échappés d'un autre système, d'un autre genre de ville et traquent le territoire en secret, le surveillent. Dans Beyrouth, il y a encore quelques espaces de résistance, des oiseaux, des espaces oubliés par les promoteurs, mais pas pour longtemps. Comme cette parcelle avec ses arbres d'Amérique du Sud très répandus dans la ville – les jacarandas –, qui nous parlent de l'immigration libanaise. Cela n'est pas un arbre mais une allégorie du départ.

Y. T.: This interplay of dual horizons means the Lebanese carry the culture of the alternative within, the one of always being able to leave. I try to experiment with the impact of this in my projects by working on their ability to produce silence and stability yet at the same time multiple avenues of movement and escape. Paradoxically, this ability of the horizon to inspire our dreams of departure makes us individualistic and weakens our power to revolt, which is a saddening realization.

K. D.: How well is Beirut dealing with all these contradictions?

T. C.: Beirut can be both violent and merciful at the same time. The city has grown between two hills. Before the 1960s, the road system wound around these hills but then stopped negotiating with the landscape to simply cross it. What happens when a society no longer exchanges with a hill and is happy to just cut through it?
Beirut knows all about being in the throes of emotion. Some infer it has the hideous face of self-destruction, whereas the city also experiences deep moments of being apart, unique moments of calm. I have not managed to capture this. If I understood it I would leave.
I do not have the feeling Beirut is a city but rather an enormous quantity of fragments held together by the presence of its population. This is stupid but I am convinced of it. Like all prisoners, I make plans to leave even though in the end I stay. Beirut is a center without being one. Its relationship with the rest of the country remains complex. It does not function as an absolute environment because it subsists as a sort of aberration.
The relationship between the periphery and the city center is mostly visual and fantasized. With each new building, a billboard is thrown up proclaiming its proximity to Beirut or that it overlooks Beirut. The suburbs are not really separate from the city, and at the same time there is a sort of Beirut pride in that its habitants know they are different. But this is the same metropolitan phenomenon found

Le « nous » est un terme très dangereux. Cela signifie que l'on détermine un autre.

Mon travail interroge l'expérience tellement traumatique de la destruction du langage que le Liban a vécue après la guerre. Comment exprimer cette expérience plus grande que la représentation, avec un langage qui a été détruit ? Qui aurait pu penser que certains mots que l'on utilisait facilement avant la guerre signifieraient 300 000 morts ? Les mots ont changé de sens.
On ne peut pas se taire, ne rien dire de la guerre. Mais il y a cette possibilité de l'aphorisme, de la rédemption du passé à partir de tout petits fragments.

K. D. : Dans votre livre *Traces of Life*, vous parlez de l'espace public comme d'un espace qui peut être rendu privé à n'importe quel moment. Comment se pose aujourd'hui la question de l'espace public ?

T. C. : Il y a eu tant de littérature à ce sujet que la question de l'espace public à Beyrouth est devenue difficile à poser. Mais tous les textes vont dans un seul sens, celui de la plainte et de la dénonciation de la perte de l'espace public. Parallèlement, il y a une sorte de comparaison latente et non déclarée avec l'espace public européen. Nous nous situerions soit dans la perte d'un espace public qui aurait existé avant la guerre – ce qui est faux –, soit dans le rapprochement avec l'espace public occidental, ou encore dans le projet de revenir à des espaces partagés à la villageoise, ce qui est tout aussi aberrant. Nous vivons tous sous le même système capitaliste mondialiste, même s'il y a des singularités. Il faut se méfier des pensées passéistes selon lesquelles les gens vivaient en paix avant le capitalisme, notamment dans les villages, et qu'il s'agissait d'un modèle proche de nous. Le « nous » est un terme très dangereux. Cela signifie que l'on détermine un autre.

around the globe. Paris is not France, Berlin is not Germany and New York is not the United States.
In Beirut, I love searching for magical gateways, rivers of cars and the ways of passing into another world. I also love to unmask buildings that spy on you. The escapees from another system, another type of city, that secretly track the territory, keep it under surveillance.
In Beirut, there are still pockets of resistance, for birds, spaces overlooked by the developers, but not for long. Like this lot with its trees from South America that one finds all over town—the jacarandas—which tell the story of Lebanese emigration. It is not a tree but rather an allegory of departure.
My work questions the very traumatic experience of the destruction of language Lebanon suffered after the war. How can this experience beyond representation be expressed when the language has been destroyed? Who would have thought that the same words we used so easily before the war would signify 300,000 dead? The meaning of words has changed.
One cannot remain silent, say nothing about the war. But there is the possibility of the aphorism, of redeeming the past based on these little fragments.

K. D.: In your book *Traces of Life*, you talk about public space as one that can be made private at any moment. What is the approach to public space today?

T. C.: There has been so much written on this subject that the issue of public space in Beirut has become a difficult one to raise. But all these writings speak with one voice, decrying and denouncing the loss of public space. In parallel, there is a sort of latent, unspoken comparison with European public space. We are somehow situated either in the loss of a public space that is supposed to have existed before the war—which is false—or is likened to the Western concept of public space, or even in the project of returning to village-like shared spaces, which is just as aberrant. We all live under the same global capitalist system, even if there are local singularities. We have to be wary of backward ways of thinking that imply people used to live in peace with capitalism,

Que signifie donc cette nostalgie vis-à-vis d'un espace qui aurait perdu son caractère public ?

La place des Martyrs à Beyrouth est toujours donnée en exemple comme ayant été un véritable espace public au sein duquel la population pouvait se mélanger, indépendamment des classes, des communautés et même de l'appartenance géographique, ville ou campagne. Si l'on regarde des photographies de la place avant la guerre, il ne s'agissait de rien de plus qu'un grand carrefour de voitures. Que signifie donc cette nostalgie vis-à-vis d'un espace qui aurait perdu son caractère public ? Pourquoi les gens se sentent le besoin d'idéaliser une place publique qui n'a jamais existé ?
Les raisons données pour expliquer cette perte sont toujours les suivantes : tantôt il est évoqué que la guerre est responsable de cette destruction, tantôt que la société privée Solidere aurait banni les fondements de l'espace public. Les deux thèses sont valides en un certain sens. Il est très facile de critiquer Solidere...
Si l'on développe cette idée de ce qu'est devenue la place de Martyrs, il me semble intéressant de revenir sur les grandes manifestations qui ont précédé le mouvement du 14 mars 2005, où plusieurs centaines de milliers de Libanais, toutes communautés confondues, sont descendus dans la rue pour réclamer le départ de l'armée syrienne. Entre le 14 février et la mi-avril, des masses d'étudiants et des groupuscules politiques indépendants ont érigé des tentes au milieu de la place des Martyrs, des centaines de tentes. Chacune représentait une certaine idée du pays. Mes étudiants en avaient une au nom de l'Alba (Académie libanaise des beaux-arts), et chaque soir tout le monde se réunissait et discutait sa manière de voir le Liban

especially in villages, and that it is a model close to us. "Us" is a dangerous word. It means we determine there is an Other.
Martyrs' Square in Beirut is always held up as the example, as having once been a genuine public space where the population could really mingle, without regard to class, communities or even geographic origin of city or country. But if you look at photos of it before the war, it is clear it was nothing more than a big intersection for cars. What does this mean, this nostalgia for a space that is supposed to have lost its public character? Why do people feel the need to idealize a public space that never existed?
The reasons given to explain this loss are always either that war is responsible for the destruction, or that the private Solidere Company has simply eliminated the logic of the public space. Both theories are valid in a way. It is very easy to criticize Solidere...
If we develop this idea of what Martyrs' Square has become, it seems worthwhile to take another look at the mass protests that preceded the movement of March 14, 2005, in which several hundred thousand Lebanese, representing every community, filled the streets to demand the withdrawal of the Syrian army. Between February 14 and mid-April, mass student demonstrations accompanied by small groups of independent politicians put up hundreds of tents in the middle of Martyrs' Square. Each one represented a certain idea of the country. My students mounted one in the name of the Alba (Lebanese Academy of Fine Arts; French: Académie libanaise des Beaux-Arts), and every evening everybody met to discuss the way it viewed Lebanon and its possible future evolution. It was fantastic. No one could have imagined that so many people wanted things to change.

et ses possibles évolutions. C'était fantastique. Nul ne pouvait s'imaginer qu'autant de personnes voulaient que les choses changent. Ce moment a été très productif. On a renommé la place en « cité des Tentes ». Après le mouvement du 14 mars, les grands partis politiques et surtout les instances religieuses ont commencé à remettre en question cet espace, devenu véritablement public. Ils ont cherché à stigmatiser cette jeune population soupçonnable de prendre des drogues et d'être mal venue. Cette cité des Tentes a donc été démantelée, et le mouvement de 14 mars a pris fin. Les pouvoirs n'ont pas supporté la dynamique sociale publique qu'il avait engendrée.

K. D. : Comment analysez-vous le fait que cela ait été annulé ?

T. C. : Les premières raisons sont liées à une forme de conservatisme insidieux qui caractérise le Liban, en dépit des apparences. D'autre part, le mouvement étant incontrôlable, il était incompatible avec la notion de compromis sur laquelle repose toute volonté politique. La dynamique de l'espace public a donc été rejetée.
Si je devais parler de l'espace public, j'en parlerais au regard des expériences de liberté et certainement pas dans le sens d'une nostalgie ou d'une comparaison latente avec l'Europe, qui voudrait qu'en France, par exemple, il y ait encore des espaces publics.
Le débat autour de la verdure renvoie aux mêmes critiques. Beyrouth est toujours décrit comme une ville grise, car indirectement on y cherche des espaces verts. Il n'y a pas d'espace de ce genre-là ici ; pourtant, la nature est bien présente. Tout le monde cultive et plante des arbres un peu partout.

K. D. : Vous dites que lorsqu'il y a perte de contrôle sur un espace, c'est là qu'il peut devenir public. Ce moment de basculement est intéressant à observer. L'espace public serait un moment limite...

T. C. : En Europe et en Amérique du Nord, le mouvement Occupy a généré des moments intenses dans la ville. À New York, par exemple, les activistes du mouvement voulaient utiliser des haut-parleurs pour

If I had to talk about public space, I would talk about these experiences of freedom.

This was a very productive moment. The square was renamed "Tent City." After the movement of March 14, the main political parties and especially the religious bodies began to question this space, which had become genuinely public. They sought ways to stigmatize the youth population, suspected of taking drugs or being an embarrassment. They decided to have Tent City dismantled, and the movement of March 14 came to an end. The Establishment could not bear the social dynamics the public square had engendered.

K. D.: How do you explain why it was cancelled?

T. C.: The main reasons are linked to an insidious form of conservatism that is widespread in Lebanon, despite appearances to the contrary. Also, as the movement was uncontrollable, it was incompatible with the idea of compromise upon which any semblance of political will must be based. So, the dynamics of the public space were rejected.
If I had to talk about public space, I would talk about these experiences of freedom and certainly not from a nostalgic point of view or a latent comparison with Europe, which requires that in France, for example, there should still be public spaces.
The debate over green space involves the same criticisms. Beirut is always described as a gray city, because people seek out green spaces there in an indirect way. There are no spaces of that type here. However, nature is definitely present. Everyone grows plants and trees more or less everywhere.

Dans l'espace public, l'étranger est celui qui passe ; nous sommes tous des étrangers.

faire entendre des messages auprès de tous les intéressés, même ceux qui étaient les plus éloignés de la source vocale. La municipalité a refusé cet emploi au nom des nuisances publiques. Autour de l'écrivaine américaine Judith Butler, s'est alors mis en place un autre système de communication : elle se tenait au centre d'un groupe et prononçait à voix haute des phrases courtes que chaque cercle d'individus répétait pour que la rangée arrière les entende, etc., etc. Ce moment d'espace public en tant que tel était très intéressant.

K. D. : L'espace public ne serait pas un lieu mais une conjonction complexe qui prend place entre des individus quelque part…

T. C. : Je travaille en ce moment sur l'idée de l'amour. Non pas en tant qu'amour romantique mais en tant qu'Éros, au sens de l'interruption du moi pour aller vers l'autre. Cette interruption crée un espace. Comment peut-on le transformer en espace public ? Durant les révolutions égyptiennes, il a été rapporté une très belle histoire. Peut-être un mythe urbain, car il n'y a pas de documentation à ce sujet. Avant le départ de Moubarak, alors que l'armée était en train de siéger sur la place Tahrir, on raconte qu'une vieille femme remplissait chaque matin son panier de mangues, descendait sur la place, en faisait le tour et parlait à chaque membre de l'armée. Elle donnait à chacun un fruit et disait : « Celui-ci est ton frère, ne tue pas ton frère. » En même temps qu'elle offrait ce fruit, elle détruisait l'espace public dont la condition première est l'anonymat. Dans l'espace public, l'étranger est celui qui passe ; nous sommes tous des

K. D.: You say that where there is a loss of control over a space, this is a spot that can become public. This moment of the tipping point is an interesting one to observe. The public space would appear to be a moment on the edge…

T. C.: In Europe and North America, the Occupy movement generated some rather intense moments in the city. In New York, for example, activists wanted to use loudspeakers so their message could be heard by everyone interested, even those the furthest away from the person speaking. The city refused to allow their use, ostensibly because they were a public nuisance. So, the people around the American writer Judith Butler came up with another system of communication. She would stand in the center of the group and say a few short sentences aloud. Then each successive circle of individuals would repeat them so the circle just behind could hear, and so on and so forth. This moment of the public space as such was a very interesting one.

K. D.: So, public space is not a place, but rather a complex conjunction that occurs among individuals, somewhere…

T. C.: At the moment I am working on the idea of love. Not as romantic love, but rather as Eros, in the sense of interrupting myself to move toward the Other. This interruption creates a space. How can it be transformed into a public space?
There was a beautiful story reported during the Egyptian revolutions. Perhaps it was an urban myth, because there is no documentary proof of its occurrence. But prior to the departure of Mubarak, while the army had placed Tahrir Square under siege, there was supposedly an old woman who every morning would fill her basket with mangoes, and go down to the square to make the rounds handing out fruit to each one of the soldiers. She would give each one a mango and say: "This one is your brother. Do not kill your brother." At the same instant she was handing out fruit she was destroying the public space, whose primary condition is anonymity. In the public

étrangers. On peut connaître une partie du groupe mais pas tout le monde. Or cette femme détruisait l'espace public en brisant cette idée de l'anonymat, mais en même temps, elle créait un espace possible par son acte d'amour : la place Tahrir.
Dans ce cas, l'espace public est un vrai débat.
Qui aurait dit qu'un tel carrefour, qui n'a jamais été vraiment une place publique comme la place Tahrir, deviendrait un véritable espace au sens politique du terme, et pas seulement social ou identitaire ? Qui aurait cru que des slogans modernes, que l'on avait déclarés morts, comme ont pu l'être ceux de la révolution française, allaient revenir en Égypte ou en Syrie ?
J'ai visionné une vidéo au cours de laquelle un homme édenté, vieux et illettré semblant tout droit sortir des *Misérables,* chantait le slogan « Ni dieu ni maître » dans sa traduction égyptienne ! Plus de deux siècles après la Révolution française, une personne ignorant tout de ce qu'est la France réinvente ce moment...
À Tunis, au Caire et en Syrie, l'on est également en train d'assister à des choses intéressantes. Des moments singuliers qui montrent qu'autre chose est en train de naître. Cette autre chose est absolument embryonnaire et peut disparaître en un instant. Mais, quoi qu'il arrive, si des idées sont nées cela veut dire qu'une répétition est possible.

K. D. : Peut-on s'approcher de cette autre chose qui serait en train de se produire ?

T. C. : Je mène actuellement un travail que je nomme *100 000 solitudes.* Dans le cadre d'une lecture-performance donnée à Berlin, j'ai parlé des morts revenus à la vie pour demander la chute du régime en Syrie et des rivières qui se transforment en sang. On a vu cela à Damas et à Beyrouth. Au début de la révolution, des activistes remplissaient de pigments rouges les bassins de Damas, ville dans laquelle il y a beaucoup de fontaines. Chaque jour, ils les saturaient pour dire que le sang était en train d'être versé. Le régime est devenu très nerveux vis-à-vis de ces actions.

But whatever happens, if ideas are born, it means they can be repeated.

space, the stranger is the person passing through. We are all strangers. You can know part of the group but not everyone. However, this woman shattered the public space by shattering the idea of anonymity. But at the same time, she was creating a possible space through her act of love, the space of Tahrir Square. In this case the public space is a real focus of debate.
Who would have predicted an intersection like this one, which had never really functioned like the public space of Tahrir Square, could become a genuine space in the political sense of the term and not just a social one or one expressing identity?
Who would have believed modern slogans, long since declared dead, such as the ones emanating from the French Revolution have been, would resurface in Egypt or Syria? I watched a video in which an old, illiterate and toothless man who seemed to have stepped right out of *Les Misérables,* was chanting the slogan "No gods, no masters" in Arabic! Two centuries after the French Revolution, a person completely unaware of everything that makes France what it is, being reinvented this very moment...
In Tunis, Cairo and Syria, we are also witnessing interesting developments. Singular moments that something else is in the process of being born. This something else is in a totally embryonic stage and may disappear in an instant. But whatever happens, if ideas are born, it means they can be repeated.

Des policiers ont été placés à côté de chaque fontaine, puis la plupart des fontaines ont été coupées. Les activistes ont alors jeté leurs pigments dans la rivière, qui est devenue rouge sang... En 2012, il s'est produit la même chose à Beyrouth. Mais le gouvernement a prétendu qu'il s'agissait d'un incident industriel alors que des adeptes en avaient revendiqué l'acte. En ce sens je déclare l'avènement des temps messianiques, mais sans messie. Voilà, mais ce n'est qu'une lecture-performance !

K. D. : Comment abordez-vous la question de l'identité culturelle ?

T. C. : Il est important d'accepter que le capitalisme mondialisé agisse partout avec des différences. Certains croient que l'on peut combattre ce capitalisme avec l'identité culturelle. Mais Pizza Hut ou McDonald s'accordent très bien avec la notion d'identité culturelle. Cela devient l'affaire du capitalisme.
La question de l'identité est presque meurtrière, car elle est exclusive et ne fait que s'appuyer sur des signes. Le « nous » est dangereux car il repose sur une forme de déterminisme.
Cette insistance sur l'identité nationale ou culturelle peut d'ailleurs se transformer très facilement en islamisme. Et c'est en train de se produire. En clamant que ce qui constitue notre identité est l'islam, tout ce qui ne relève pas de l'islam est donc rejeté. Cette idée de l'identité léguée par les idéologues des années 1960-1970 est à mettre de côté. Il faut repenser les choses. De même qu'il faut sortir de ce relativisme absolu légué par la postmodernité qui impliquerait qu'il n'y aurait pas de système de référence. Cela conduit à accepter n'importe quelle situation. Il ne peut y avoir débat s'il n'y a pas de système de renvoi. Des idées comme l'égalité des femmes et des hommes sont devenues complètement relatives. Ainsi, chaque personne est enfermée dans le fameux *cogito* de Descartes : « Il n'y a rien à l'extérieur de moi-même. Mes valeurs sont les miennes, différentes des tiennes. » Cela va de pair avec cette hideuse idée de la tolérance : « Je te tolère. » Il faut sortir de son moi pour aller vers l'autre, faire l'effort d'écouter sa pensée.

K. D.: Is it possible to get more specific about this something else that is happening?

T. C.: I am currently working on a project I call *100,000 solitudes*. During a public reading in Berlin, I spoke about the dead come back to life to demand the fall of the regime in Syria and the rivers that are turning to blood. We have seen that in Damascus and in Beirut. At the beginning of the revolution, activists filled the basins of the Damascus, a city with many fountains, with red coloring. They colored the water red every day to draw attention to the real blood being spilled. These actions made the regime very nervous. Police were posted next to each fountain, and finally most were simply turned off. So the activists threw their red coloring in the river, which turned blood red... In 2012, the same thing happened in Beirut. But the government pretended that it was just an industrial accident, even though militants claimed responsibility for the act. In this sense I declared the messianic age had begun, only without the messiah. There you have it. But it was just a performance-reading!

K. D.: How do you approach the issue of cultural identity?

T. C.: It is important to accept the fact that global capitalism is at work everywhere but with differences. Some people think capitalism can be resisted with cultural identity. But Pizza Hut and McDonald's are great at adapting to the idea of cultural identity. It is simply integrated into the business of capitalism. The question of identity is almost a deadly one because it is exclusionary and relies only on external signs. The "us" is dangerous because it depends on a form of determinism.
This insistence on a national or cultural identity can very easily morph into Islamism. And that is what is happening. By claiming that what constitutes our identity is Islam, everything that is outside of Islam is rejected. This idea of identity inherited from the ideologues of the 1960s–1970s must be set aside. Things need a rethink.

J'ai l'impression que l'on vit à l'intérieur d'univers qui s'effondrent pour donner naissance à d'autres univers qui s'effondrent.

Une phrase très belle du poète allemand Hölderlin parle de « cette conversation que nous sommes ». Nous serions toujours un dialogue, nous ne serions jamais enfermés en nous-mêmes.

K. D. : En regard de cette quête de relations, que signifie l'acte de construire ?

T. C. : C'est une question très difficile à évoquer et à donner à comprendre à des personnes éloignées de notre situation, qui peuvent, au mieux, être affectées intellectuellement.
Avant de se demander comment et pour qui l'on va construire, il faudrait se demander pourquoi. Je pense que nous devons travailler à construire une culture de la paix. Dans *Les Ailes de désir* de Wim Wenders, le vieux conteur Homère veut écrire une épopée pour la paix. Il se demande pourquoi la paix est si fragile et si insignifiante pour tant de gens...
Au Liban, les politiciens ne font que promettre des victoires et des guerres mais ne parlent jamais de l'avenir, de la construction d'hôpitaux, de bibliothèques ou d'écoles. Ils combattent pour venger leurs grands-pères. Les batailles d'aujourd'hui sont la continuation des batailles antérieures. C'est catastrophique. Tant que la question fondamentale de la construction de la paix ne sera pas posée, celles qui regardent le territoire, l'espace ouvert et l'espace de débordement seront annulées.
J'ai l'impression que l'on vit à l'intérieur d'univers qui s'effondrent pour donner naissance à d'autres univers qui s'effondrent, et tout cela en l'espace de quelques secondes... Il s'agit d'univers utopiques, de mondes d'idées. Il n'est pas facile de les tenir ni de vivre cet éclaboussement perpétuel.

By the same token we must let go of this absolute relativism inherited from postmodernity, which implies that there is no possible system of references. That leads to accepting every situation. But there can be no debate without a system of references. Ideas like the equality of men and women have become totally relative. This leaves every individual locked up inside Descartes's famous "cogito." There is nothing outside me. "My values are mine, different from yours." This goes hand-in-hand with the hideous idea of tolerance. "I tolerate you." You have to step outside of your ego to be able to truly encounter the Other, to make an effort to listen to the thinking of this Other. A very beautiful phrase by the German poet Hölderlin talks about "this conversation that we are." We are practically always engaged in a dialogue. We are almost never shut up inside ourselves.

K. D.: As for this quest for relationships, what is the meaning of the act of building?

T. C.: It is a very difficult issue to discuss and to help people far from our situation to grasp. At best they might be affected on an intellectual level.
Before asking how and for whom one is building, you have to ask why. I think we should work on building a culture of peace. In Wim Wenders's *Wings of Desire*, the old storyteller Homer wants to write an epic poem for peace. He wonders why peace is so fragile and insignificant for so many people.
In Lebanon, politicians only promise victories and wars but never talk about the future, about building hospitals, libraries or schools. They are fighting to avenge their forefathers. Today's battles are simply extensions of yesterday's battles. It is catastrophic. As long as the basic question of how to build peace is not asked, for the people who observe the land, open space and overflow space will continue to be obliterated.
I have the impression we are living inside universes that are collapsing to give birth to other universes that will collapse, all in the space of a few seconds. These are utopian universes, worlds of ideas. It is not easy to hold them together or to live in this state of perpetual splattering.

« Je crois vraiment que l'Histoire est bien plus importante que la Mémoire. »

"I truly believe that History is far more important than Memory."

Entretien avec Hazem Saghieh, écrivain et chroniqueur politique pour le journal quotidien *Al-Hayat*

Karine Dana : Comment l'idée d'espace urbain en tant qu'espace partagé évolue-t-elle à Beyrouth ?

Hazem Saghieh : Les marchés du centre-ville de Beyrouth ont incarné une ultime forme d'espace public jusqu'en 1975, non seulement parce que les chrétiens et les musulmans s'y rencontraient, interagissaient et commerçaient, mais également car il y avait des bureaux de presse et des cafés où les journalistes, écrivains et artistes de différentes sectes se rencontraient : la vie culturelle résidait dans cet espace public. Elle était partagée.
Aujourd'hui, bien que vingt-quatre ans se soient écoulés depuis la déclaration de la fin de la guerre civile, l'interaction entre les individus reste très difficile. L'espace public qu'incarnait le centre-ville a été détruit durant la guerre. Il a disparu de la vie des Libanais. Musulmans et quelques chrétiens se côtoient au bord de la mer. Ils ne se rencontrent pas vraiment, mais passent à côté les uns des autres, sans échange, simplement motivés par la même intention : faire de la marche ou du jogging.
Le récent projet touristique et immobilier conçu par Steven Holl à la marina de Beyrouth – Zaitunay Bay – ajoute à cette culture du clivage. Il donne le

Interview with Hazem Saghieh, writer and political columnist for *Al-Hayat* news daily

Karine Dana: How has the idea of urban space as shared space evolved in Beirut?

Hazem Saghieh: The markets in the town center of Beirut embodied the ultimate form of public space until 1975, not only because Christians and Muslims gathered, interacted and traded there, but also because there were the newspaper offices and the cafés where reporters, writers and artists of the various faiths met. Cultural life resided in this public space and it was shared.
Today, even though twenty-four years have passed since the declaration of the end of the civil war, interaction between individuals remains quite difficult. The public space once embodied by the city's center was destroyed during the war. It disappeared from the life of the Lebanese. The few Muslims and Christians who go to the same seaside areas do not really encounter each other but instead pass each other by, without any sort of exchange, which is simply due to the same purpose for being there, which is generally to walk or jog.
The recent tourism and real estate project designed by Steven Holl for the Beirut marina—Zaitunay Bay—exacerbates this cultural divide. It leaves one with

> Le fait que l'espace urbain ne permette plus de lien entre les personnes et de surcroît plus de relation pacifique développe de la haine et le désir d'être seul.

sentiment que les trajectoires de promenade ont été pensées afin de séparer les riches des pauvres.
D'une manière générale, l'interaction entre les groupes ne s'opère pas de manière pacifique mais violente. Et quand des habitants de la banlieue sud de Beyrouth – sous domination du Hezbollah – arrivent au centre-ville, ils viennent presque en position d'envahisseurs...
Le fait que l'espace urbain ne permette plus de lien entre les personnes et de surcroît plus de relation pacifique développe de la haine et le désir d'être seul. Cette tendance est de plus en plus sensible.
Le quartier de Ras Beyrouth est néanmoins différent : il est le seul dans le monde arabe à reposer sur un concept d'urbanisation non clanique. En effet, les villes se sont ici toujours constituées de la sorte : vous projetez de quitter votre village pour vivre à la ville, votre sœur décide de venir habiter près de chez vous, puis votre cousin a la même idée, et un jour vous représentez un quartier. Votre frère, qui avait une boutique au village, va ouvrir un supermarché en ville, etc. Ras Beyrouth a échappé à ce processus de développement du fait du poids de l'Université américaine de Beyrouth (AUB). Vous pouvez y rencontrer un Américain, un Irakien, un Soudanais, un Libanais habitant le même immeuble.

the feeling that the pathways of the promenades were designed to separate the rich from the poor.
Generally, the interaction between groups does not unfold peacefully but instead rather violently. And when the inhabitants of Beirut's southern suburbs —under Hezbollah domination—arrive in the center, they come almost as invaders...
The fact that the urban space does not make it possible to develop links between people, and much less a peaceful relationship, exacerbates hatreds and a desire to be left alone. This trend is increasingly obvious.
However, the Ras Beirut neighborhood is different. It is the only one in the Arab world to be based on a non-clannish concept of urbanization. In fact, cities here have always developed this way. If you plan to leave your village for the city, your sister decides to come live near you, then your cousin has the same idea, and one day all of you make up an entire neighborhood. Your brother, who ran a shop in the village, is going to open a supermarket in the city, etc. Ras Beirut escaped this pattern of development thanks to the weight of the American University of Beirut (AUB). You can meet an American, an Iraqi, a Sudanese, a Lebanese all living in the same building.
We can expand upon this idea of the impossibility of public space to include the absence of a Lebanese public opinion. Public opinion means nothing here, because deep down there are no "Lebanese," in the sense of people sharing a Lebanese identity. There are certain communities living side by side, but they do not share any sort of consensus. The Lebanese have never really become a nation state, because they have not managed to develop a sense of national belonging. Supreme loyalty remains with the religious communities and not with the country. And the concept of the nation state appeared before colonialism at the beginning of the 20th century but it was hard to accept. The traditions of the religious communities, especially, led the Lebanese to reject a major part of what colonialism brought, not only politically but culturally as well.

Nous pouvons élargir cette idée d'impossibilité de l'espace public à l'absence d'opinion publique libanaise. L'opinion publique ne veut rien dire car, profondément, il n'y a pas de « Libanais », au sens d'identité libanaise... Il existe certaines communautés vivant les unes à côté des autres, mais celles-ci ne partagent aucun consensus. Les Libanais ne sont pas devenus un État-Nation, car ils n'ont pas pu développer un sentiment d'appartenance nationale. La loyauté suprême reste aux communautés religieuses et non pas au pays. Et l'idée de l'État-Nation apportée par le colonialisme au début du XXe siècle était difficile à accepter. Les traditions des communautés religieuses, notamment, ont conduit les Libanais à rejeter une bonne part de ce qui était porté par le colonialisme, non seulement politiquement, mais aussi culturellement.
Étant incapable de devenir un État-Nation, nous appartenons à moins que cela : une communauté religieuse, un clan, une ethnie... Cela explique pourquoi vous ne pouvez pas parler d'espace public ici, ni d'opinion publique, ni de société civile.
Quand Youssef et l'agence 109 Architectes construisent l'université Saint-Joseph à Beyrouth et visent à rouvrir le débat sur la nécessité de produire des situations d'échanges, comment comprendre cela ? Qu'est-ce que cela signifie de vouloir créer un espace public quelque part dans la mesure où la majorité des étudiants de cette université sont chrétiens ? À mon sens, il ne peut s'agir véritablement d'espace public, et ce, indépendamment de toutes les bonnes volontés : il ne s'agit que d'une compensation à un manque national. Un espace public devrait être ouvert aux riches, aux pauvres, quelle que soit leur religion, aux hommes, aux femmes, aux jeunes, aux personnes âgées, etc. Mais cela n'existe pas au Liban !

> A public space should be open to rich and poor alike, regardless of their religion, to men and women, to young people, the elderly, etc. But that no longer exists in Lebanon!

Incapable of becoming a nation state, we belong to something less than that—a religious community, a clan, an ethnic group... This explains why you cannot speak of public space here, or of public opinion or even about civil society.
When Youssef and the office of 109 Architects built St Joseph University in Beirut with the aim of reopening the debate about the necessity of creating situations where people can exchange, how should this be understood? What does it mean to want to create a public space somewhere, in so far as the majority of students of this university are Christians? To my mind, it cannot truly be assimilated with the idea of public space, despite the best of intentions. All it does is compensate for a national weakness. A public space should be open to rich and poor alike, regardless of their religion, to men and women, to young people, the elderly, etc. But that no longer exists in Lebanon!
This attempt to build differently is a risk also being taken by a certain number of leaders here. What are they doing? Impelled by good intentions, they want to attempt avant-garde experiments. But these do not work, precisely because of the lack of consensus, the lack of a civil society or a public opinion.
The real issue is: How can one build in the midst of people who hate each other?
Some people are ready to change, but because of the radicalization of the religious communities and the fact they are so deeply entrenched, I do not think they will succeed. I am sorry, but I am very pessimistic about Lebanon.

Vous ne pouvez pas parler de catégorie sociale dont la conscience serait individuelle.

Cette tentative de construire autrement est également risquée par un certain nombre de chefs de file, ici. Que font-ils ? Animés de pensées bienveillantes, ils veulent tenter des expériences avant-gardistes, mais cela ne marche pas du fait du manque de consensus, du manque de société civile et d'opinion publique, justement. La véritable question est : comment construire au milieu de personnes qui se haïssent les unes les autres ?
Les gens seraient prêts à changer, mais du fait de la radicalité des sectes et de leur très fort ancrage, je ne crois pas qu'ils le puissent. Je suis très pessimiste à propos du Liban... J'en suis désolé.

K. D. : Le pouvoir d'initiative individuelle qui appartient solidement aux Libanais ne révèle-t-il pas une volonté de faire société autrement ?

H. S. : Vous ne pouvez pas parler de catégorie sociale dont la conscience serait individuelle.
Toujours est-il que l'individualisme dénote une certaine distance vis-à-vis des sectes religieuses. Je ne peux pas m'appeler individualiste si j'agis en fonction de ce que décide mon patriarche religieux, ou bien ma chaire religieuse, ou encore le chef de ma tribu ou de ma famille.
En revanche, vous pouvez trouver des centaines, sinon des milliers d'entrepreneurs et d'architectes libanais qui sont des individus dans le sens où ils vivent de façon moderne, se déplacent dans les pays du Golfe où ils réalisent des projets considérables, tout en suivant les instructions de leur patriarche quand ils reviennent vivre au Liban. Ce sont des individus dans la sphère économique, mais sans avoir la culture de l'individualisme.

K. D.: The power of individual initiative so characteristic of the Lebanese, does it not reveal that there is the will to build society in a different way?

H. S.: You cannot speak about a social category whose consciousness is truly individual.
Still, individualism does denote a certain distance vis-à-vis the religious communities. I cannot refer to myself as individualistic because I act according to the decisions of my religious patriarch, or my leading theologian, or even the head of my clan or of my family.
However, you can find hundreds, if not thousands of the best Lebanese businessmen and architects who are individuals in that they live a modern lifestyle, travel around the Persian Gulf countries where they undertake very significant projects, always following the instructions of their patriarch when they come back to live in Lebanon. They are individuals in the business sphere, but lack a true culture of individualism.
One sees Lebanese—Christians and Muslims alike—fighting for their civil rights, their right to employment, and their right to unionize or for women's rights. But at critical moments, that is to say, when conflict reaches a certain level of polarization, they fall right back into line as sons and daughters of their religious community.
Whatever you do, the religions come to undermine the structure of your edifice according to their own principles. This reality diminishes the effects of any action to a minimum.
You have to understand that we live between two limits and two possibilities, between an icy peace and civil war. In this situation, you cannot benefit from the stability required to build anything.
You cannot talk about stability, or law, or the economy, or freedom of the press for just a year or two! That is simply ridiculous! If civil war breaks out tomorrow and people start killing each other, what long-term projects do we want to discuss? However, it remains possible to act within your own enclave with your own sectarian resources.

On peut voir les Libanais – chrétiens et musulmans confondus – se battre pour leurs droits civils, leurs droits au travail, leurs droits syndicaux ou le droit des femmes. Mais aux moments critiques, c'est-à-dire lorsque le conflit atteint un certain niveau de polarisation, ils redeviennent fils et filles de leur secte. Quoi que vous fassiez, les sectes vont débarquer et fissurer votre édifice selon leurs propres principes. Cette réalité réduit les effets de toute action à son minimum.
Il faut comprendre que nous vivons entre deux limites et deux possibilités : une paix glaciale ou la guerre civile. Dans cette situation, vous ne pouvez profiter de la stabilité nécessaire pour bâtir quoi que ce soit.
Vous ne pouvez pas discuter d'architecture, de droit, d'économie ou de liberté de la presse seulement pour un an ou deux ! C'est ridicule ! Si demain, une guerre civile éclate et que les gens commencent à se tuer les uns les autres, de quels projets à long terme voulez-vous parler ? Demeure la possibilité d'agir dans votre propre enclave avec vos propres moyens sectaires.

K. D. : Dans cette situation complexe, comment la reconstruction du centre-ville de Beyrouth a-t-elle été amenée ?

H. S. : Lorsque la reconstruction du centre a été lancée dans les années 1990, il y a eu un certain nombre de critiques. Mais LA critique qui a surgi, et avec laquelle je ne suis pas d'accord, parle de l'émergence de la Mémoire : ceci est une idiotie. Je crois vraiment que l'Histoire est bien plus importante que la Mémoire. La Mémoire est très sélective et subjective. Tout modèle de projet peut entrer en conflit avec elle.
Il est vrai que Hariri a mal pensé la reconstruction du centre-ville, que les milices armées avaient complètement détruit durant la guerre civile... Hariri faisait partie de cette tendance idéologique née dans les années 1980 et appartenant à l'époque de Thatcher et Reagan. Il prônait l'économie néolibérale et le monétarisme. Or, lorsque vous appliquez ces théories à un pays qui sort de la guerre

K. D.: In this complex situation, how has the reconstruction of the city center of Beirut been managed?

H. S.: When the reconstruction of the center was launched in the 1990s, there were a number of criticisms. But the major one that arose, and with which I do not agree, spoke about the emergence of Memory. This is sheer stupidity. I truly believe that History is far more important than Memory. Memory is highly selective and subjective. Every model for a project can come into conflict with it.
It is true that Hariri did not properly think through the reconstruction of the city center, which was completely destroyed by the armed militias during the civil war. Hariri was part of this ideological trend arising in the 1980s and belonging to the Thatcher and Reagan period. He advocated a neoliberal economy and monetarism. However, when you apply these theories to a country coming out of a civil war, and furthermore you leave it with a weak nation state, it is easy to understand the problem of the souks in the center of the town! Add to that the political naiveté of Hariri, who, exaggerating the peace between Israel and the Arabs that was about to happen, said that Lebanon was going to prosper as an economic and business center. As if the relationship between Lebanon and Syria could resemble the one between Hong Kong and China!
Hariri thought he could convince the Syrian government to accept his project for Lebanon. However, that could never have worked with such a semi-totalitarian regime, which interpreted his intentions as an opening to the West, which in this case could have led to a certain independence for Lebanon.

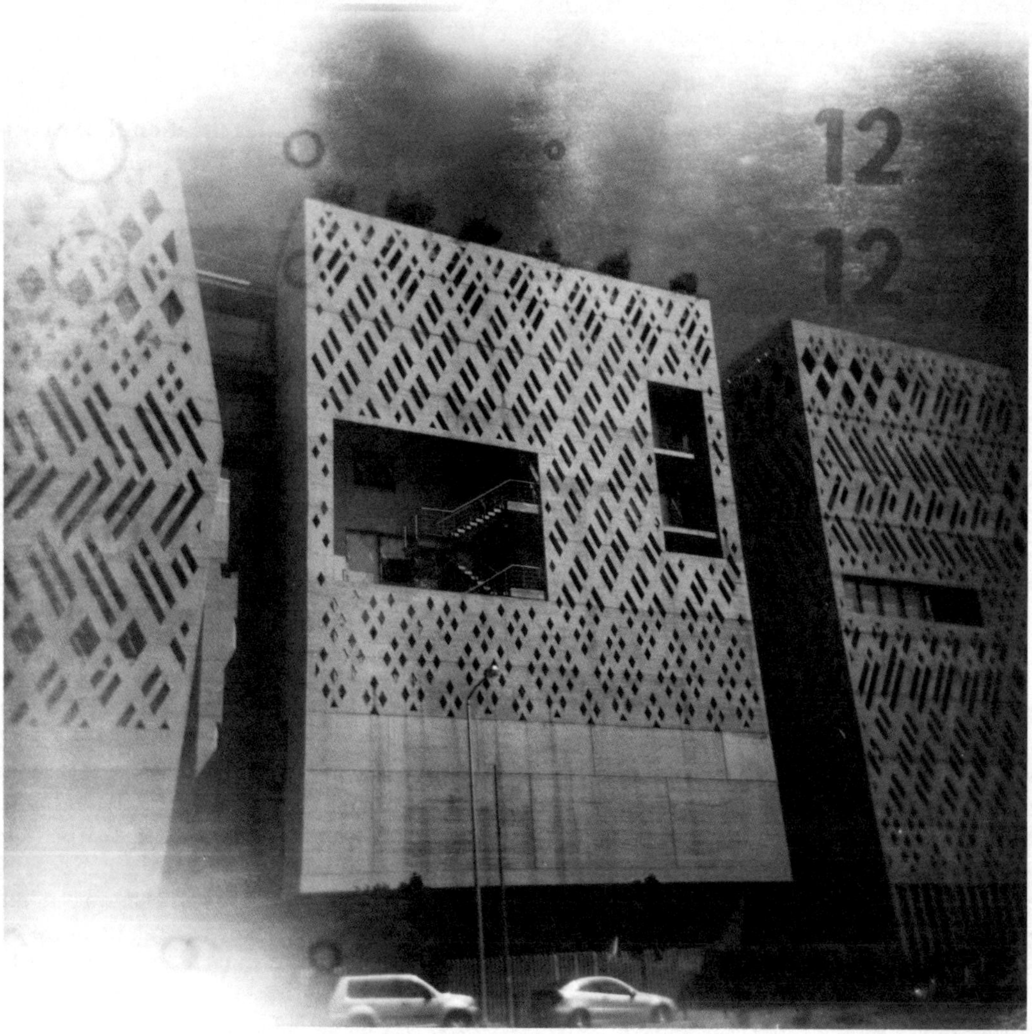
12
12

civile, et, qui plus est, doté d'un État-Nation très faible, vous comprenez aisément la problématique des souks et du centre-ville ! Ajoutez à cela la naïveté de la politique d'Hariri qui imaginait que la paix entre Israël et les Arabes était sur le point de se produire et que le Liban prospérerait comme un centre économique et commercial... Comme si la relation entre le Liban et la Syrie pouvait ressembler à la relation entre Hong Kong et la Chine !
Hariri pensait qu'il pourrait convaincre le gouvernement syrien d'accepter son projet au Liban. Or, cela ne pouvait pas fonctionner avec un tel régime semi-totalitaire qui a interprété ses intentions comme une ouverture vers l'Occident qui aurait pu, en l'occurrence, mener le Liban à une certaine autonomie.

K. D. : Comment requestionner la situation régionale depuis le Printemps arabe ?

H. S. : Les peuples voulaient la liberté car ils étaient sévèrement réprimés. La liberté est arrivée. Quand elle est survenue, tout le monde est devenu libre, les bons comme les mauvais. Les fanatiques, les islamistes, les djihadistes, le tribalisme sont devenus libres. La question qui se pose aux Arabes dans les cinq à dix prochaines années est la suivante : ces sociétés vont-elles pouvoir offrir des alternatives avancées, ou bien prendront-elles de leurs passés opprimés des options illusoires ? Qui prendra le dessus ? À ce sujet également, je suis très pessimiste. La violence est une chose si facile...
Il était inévitable que les régimes en place soient renversés. Mais personne n'imaginait que les sociétés étaient si malades. Ce qui arrive en Égypte, en Syrie, en Libye... est terrible. Je suis conscient que cette situation ne pourra perdurer. Le monde est fatigué de nous, et tôt ou tard, il sera question de redessiner la carte de cette région. Il est évident que les sunnites et les chiites se détestent, que les chrétiens et les musulmans se détestent, les Arabes et les Kurdes également. Quel est donc l'intérêt de maintenir cette cohabitation en s'abhorrant les uns les autres ?

Violence is an easy thing.

K. D.: What questions need to be asked about the current situation in light of the Arab Spring?

H. S.: The people wanted freedom because they were being so severely repressed. Then liberty actually arrived. When it came, everyone was liberated, both good and bad. The fanatics, the Islamists, the jihadists, tribalism, all became free. The question the Arabs are facing over the next five to ten years is the following: Will they be able to offer advanced alternatives, or will they turn to illusory options from their past repressions? Who is going to come out on top? I am equally pessimistic about all this. Violence is an easy thing.
It was inevitable the regimes in place would eventually fall. But no one imagined these societies were in such bad shape. What is happening in Egypt, Syria, and Libya is terrible. I am aware that this situation cannot last. The world is tired of us, and sooner or later it will be a question of redrawing the entire map of this region. It is obvious the Sunni and the Shiites hate each other, that the Christians and Muslims also hate each other, and that the Arabs and the Kurds do too. So what is the interest in maintaining some kind of cohabitation when they all abhor each other so much?

« Au milieu des contradictions urbaines, de la manière toujours imprévisible dont les gens conduisent leur voiture, l'architecture peut avoir cette fonction de rafraîchir et d'éclaircir. »

"Among all the urban contradictions, of the always unpredictable way people drive their cars, architecture can have the function of refreshing and clarifying a place."

Entretien avec le chanteur Hamed Sinno, leader du groupe indie-pop arabe Mashrou'Leila, et Karim Ghattas, manager du groupe et directeur du Liban Jazz Festival

Karine Dana : Par votre travail, transmettez-vous quelque chose de Beyrouth ?

Hamed Sinno : Même si je ne cherche pas à représenter mon pays par la musique, quand on est un artiste libanais, et plus particulièrement un chanteur, il est impossible de ne pas renvoyer à Beyrouth.
Le bruit est partie prenante de la ville. Si nous entretenons tous une relation de va-et-vient avec lui, nous avons néanmoins chacun notre vision de ce qu'il est, en quoi il peut être déplaisant, agréable ou communicatif. Si vous demandez à un Libanais ce qui est « bruyant », sa réponse sera très différente de celle donnée par un Français ou un Américain, par exemple. Quand je me produis, je communique des sentiments propres à Beyrouth, qui reflètent cette relation aux sons de la rue, aux cafés, au trafic, à l'excessif... Toutes ces dispositions définissent des « choses » libanaises qui ne sont pas de l'ordre de la représentation mais parlent d'une anthologie spatiale : comment le Liban fonctionne et comment Beyrouth se construit au regard de toutes les activités individuelles.

Interview with the singer Hamed Sinno, leader of the Arab alternative rock band Mashrou'Leila, and Karim Ghattas, band manager and director of the Lebanon Jazz Festival

Karine Dana: Are your transmitting something of Beirut through your work?

Hamed Sinno: Even if representing my country through music is not my goal, when you are a Lebanese artist, and more specifically a singer, it is impossible to avoid making references to Beirut.
Noise is a stakeholder in this city. If we maintain this back-and-forth relationship with it, each of us still has a particular vision of what it is, in what way it can be pleasant, unpleasant, or communicative. If you ask a Lebanese person what is "noisy", the answer is always different from one given by an American or a Frenchman, for example. When I produce my own work, I am communicating feelings that are specific to Beirut, that echo the sounds in the street, the cafés, the traffic, the excess... All these situations define Lebanese things that are not about representation but which are a spatial anthology of the way Lebanon works and how Beirut is developing in relation to all these individual activities.
From this point of view, Youssef, the spaces in St Joseph University you designed with your office, 109 Architects, allow us to breathe. In Beirut, sensations

De ce point de vue, les espaces de l'université Saint-Joseph que vous avez réalisés, Youssef, avec votre agence 109 Architectes, offrent du respirable. Alors qu'à Beyrouth sensations et informations parviennent toutes en même temps, les espaces de l'USJ sont vastes, propres et clarifiés.

K. D. : Quelle relation voyez-vous entre Beyrouth et cette architecture ?

H. S. : Regardez ce collier avec sa très longue chaîne. Si je le mets dans un porte-monnaie pendant un certain temps, tout ce qui le constitue sera emmêlé et il sera impossible d'en avoir une vision claire. Au milieu des contradictions urbaines, de la manière toujours imprévisible dont les gens conduisent leur voiture, l'architecture peut avoir cette fonction de rafraîchir et d'éclaircir.
Quand Jana Traboulsi dessine Beyrouth, il y a principalement la mer et une sorte de spirale, un peu en amont de la mer. Cette vision me paraît juste. Si vous regardez la côte, notamment la partie la plus congestionnée où tous les bâtiments font bloc, et le reste de la ville avec ses restaurants, cela donne l'impression que cet ensemble se mange soi-même...

Karim Ghattas : Je vous rejoins parfaitement, Hamed, sur le fait que Beyrouth est une ville qui s'entend beaucoup. Quand je suis arrivé à Beyrouth en tant que programmateur musical, j'ai eu le sentiment d'être sur la scène d'un groupe de free jazz : l'inconnu sonore en permanence.

Youssef Tohme : L'université Saint-Joseph a été pensée d'abord pour imposer le silence. Travailler sur le bruit est un sujet qui me touche particulièrement. Être dans la ville tout en étant décalé, basculer dans un ailleurs uniquement par la force du calme.

K. G. : Et pourtant, on continue de voir la ville tout autour de l'université, car il y a beaucoup d'ouvertures dans votre bâtiment. Si on traverse la rue, on fait face au ministère de la Santé dont l'ascenseur ne fonctionne plus depuis longtemps, au bâtiment de la Sécurité nationale, aux gens qui crient pour communiquer,

> If you look at the coastline, [...] you have the impression that this ensemble is feeding on itself...

and information arrive all at once. In contrast, the spaces of St Joseph are vast, clean and clear.

K. D.: How do you describe the relationship between Beirut and this architecture?

H. S.: Look at this necklace with its very long chain. If I put it in a coin purse, after a while it will become entangled and practically unrecognizable. Among all the urban contradictions, of the always unpredictable way people drive their cars, architecture can have the function of refreshing and clarifying a context.
In Jana Traboulsi's master plan for Beirut, there is mainly the sea and a sort of spiral, rising slightly above the sea. This view seems accurate. If you look at the coastline, especially the most congested area where the buildings form a block, and the rest of the city, with its restaurants, you have the impression that this ensemble is feeding on itself...

Karim Ghattas: Hamed, I completely agree with you about the fact that Beirut is a very spread-out city. When I arrived here as a music programmer, I had the feeling of being on stage with a free jazz band, a permanently unpredictable sound.

Youssef Tohme: St Joseph University was first imagined to impose silence. Noise is a subject I work on that especially affects me. Being in the city while at the same time a bit off-center, in a sort of elsewhere created by the sheer force of its calm.

À l'inverse, en Europe, les espaces publics sont tellement propres que cela déclenche des envies de transgression.

aux voitures qui s'agressent entre elles. Un bruit ininterrompu. Tout est dysfonctionnel et il n'y a aucune distance possible entre nous et la ville. Tout est collé et collant. Avoir la possibilité de se déplacer dans des espaces clairs et fonctionnels offre une situation inspirante.

Y. T. : Ce projet est une manière de dire qu'il faut veiller à ce qu'un espace commun existe. À l'inverse, en Europe, les espaces publics sont tellement propres que cela déclenche des envies de transgression. Tout est tellement normé, étudié, sécurisé, que finalement on ne peut rien faire. Et l'individu a peur de disparaître.

H. S. : Peut-être, mais l'espace public ne me semble pas davantage libéré à Beyrouth, et y créer des interactions pacifiques n'est pas chose facile. Il y a une attitude prédéterminée à adopter dans l'espace urbain. À regarder comment les individus conduisent, on pourrait se dire qu'il n'y a pas de règles et que les gens sont comme des singes. En fait, les règles sont très claires : c'est la loi de la jungle. Ce qui n'est pas de la liberté. Tout le monde agit pour son propre compte, que ce soit dans le domaine de l'espace public, en politique ou dans la rue, et nous avons l'impression que l'agressivité est la seule relation possible.

K. G. : L'individu est plus au centre des préoccupations que la collectivité. Il est certain que l'on peut vivre ici en étant complètement en dehors du collectif. Pour ma part, je ne me sens pas du tout intégré et je vis très bien cet état de fait.

K. G.: And yet the city surrounding the university remains visible, because there are many openings in your building. If we cross the street, we are standing in front of the Ministry of Health, whose elevator has been out of order for a very long time, the National Security building, people who are shouting to be able to communicate, and the cars aggressively darting between them. There is uninterrupted noise. Everything is dysfunctional and there is no distance between us and the city. Everything is sticky and stuck together. To be able to move around in these clear and functional spaces is an inspiring proposition.

Y. T.: This project is a way of saying that it is important to ensure a common space exists. In contrast, in Europe, public spaces are so clean that it triggers a desire to break the rules. Everything is so standardized, studied and safe that in the end nothing is possible. And the individual is afraid of disappearing.

H. S.: Maybe, but public spaces in Beirut do not seem any freer to me, and fostering peaceful interaction is not an easy task. There is a predetermined attitude to adopt in the public space. Take the way people drive. You could say there are no rules and that people are like monkeys. In fact, the rules are quite clear. It is the law of the jungle. Which is not freedom. Everyone is out for himself, whether in the public space, in politics or in the street, and that leaves the impression that aggressiveness is the only possible stance.

K. G.: The individual is more the focus of concern than the group. It is certain one can live here while remaining entirely outside the community. Personally, I do not feel at all integrated and I deal quite well with this fact.

H. S.: Yesterday, I went to a shopping center with a friend, to the very ugly Beirut City Center. My friend and I were both wearing the same fairly tight black pants. This attire is a code that differentiates us from the people around us. People were staring. When you come into direct contact with that type of gaze

H. S. : Hier, je me suis rendu dans un centre commercial avec un ami : le bien moche Beyrouth City Center. Mon ami et moi portions tous deux un pantalon noir assez ajusté. Ce code vestimentaire nous différenciait des personnes qui nous entouraient. Nous avons été dévisagés. Quand de tels regards entrent en contact avec toi, c'est une situation très violente. Comme si un défi était lancé. La subjectivité et la singularité deviennent des sources de confrontation. Je ne sais pas comment expliquer la gravité de ce qui se produit...
Il est sans doute utile d'avoir une compréhension pré- ou postmoderniste de la manière dont notre société fonctionne, car nos institutions, nos politiques comme nos regards n'ont pas été touchés par la modernité. D'un voisinage à un autre, des valeurs, des activités, des standards et des formes de sectarisme de natures très différentes circulent. Il n'y a pas une seule forme de conservatisme mais des centaines. Cela implique de devoir parfois simuler pour passer facilement d'un milieu à un autre.

Y. T. : J'aimerais vous poser une question, Hamed : pourquoi aime-t-on votre groupe Mashrou'Leila ? Quand je suis allé au Music Hall la dernière fois, à Beyrouth, vous aviez réuni tous les publics. Des gens que j'avais rarement vus ensemble...

H. S. : Nous chantons en arabe sur une musique qui n'est ni typiquement libanaise ni vraiment orientale. Un genre d'indie-pop-rock arabe. Le public qui vient nous écouter appartient à la bourgeoisie, à des milieux cultivés de diverses origines ou encore à une jeunesse qui s'identifie à certaines de nos valeurs contraires à celles couramment défendues dans la musique arabe traditionnelle souvent chauvine, masculine ou antiféministe. La jeunesse apprécie que nous pensions différemment des conservateurs et de leur famille, avec laquelle ils sont en opposition. Récemment, nous nous sommes produits à Saïda, et la foule n'a pas du tout apprécié nos morceaux...Dans tous les pays, des identités sont associées à des musiques. Et la musique arabe dans les pays arabes

it becomes a very violent situation. As if the gauntlet has been thrown down. Subjectivity and singularity become sources of confrontation. I do not know how to describe the seriousness of what happens in such cases.
It is undoubtedly useful to have a pre- or postmodernist understanding of the way our society functions, because our institutions, our politicians, like our ways of seeing, have been virtually untouched by modernity. From one neighborhood to the next, values, activities, standards, and forms of sectarianism of very different natures are circulating. There is not just one kind of conservatism, but rather hundreds of them. Sometimes that means being able to fake it to be able to move from one social milieu to another.

Y. T.: I would like to ask you a question, Hamed. Why do people like your band Mashrou'Leila? The last time I went to the Music Hall in Beirut, you had managed to assemble every type of public. There were people I have very rarely seen in the same place.

H. S.: We sing in Arabic with music that is neither typically Lebanese nor even really oriental, but rather a sort of Arab alternative rock. The public that comes to hear us belongs to the bourgeoisie, to cultured social strata of diverse origin, or to the youth that identifies with some of our values, which are contrary to those currently defended in traditional, often chauvinistic, masculine or antifeminist Arab music. The youth here know we think differently than the conservatives and their families, with whom they are in a position of conflict.
Recently we produced a show in Saïda, and the crowd did not appreciate our pieces at all. In every country, identities are associated with music. And Arab music in Arab countries signifies Arab identity. If you play music with an alternative pop-rock or other type of sound, it makes people very uneasy. We have been the target of merciless criticism in conservative magazines, which, while inveighing against us, declare we should not be allowed to perform. It can be dangerous to rub people the wrong way...

signifie l'identité arabe. Si vous jouez une musique avec des sonorités indie-pop-rock ou autres, les gens sont mal à l'aise. Nous avons été l'objet de critiques terribles de la part de revues conservatrices invectivant que l'on devrait nous empêcher de jouer. Cela peut être dangereux de déranger les gens...

K. G. : Cela pose aussi la question de l'arabité à Beyrouth...

Y. T. : On parle de musique arabe traditionnelle comme on pourrait parler de la maison libanaise avec ses trois arcades. Pour beaucoup, c'était l'architecture libanaise. Il a fallu des années pour faire accepter d'autres visions et quitter cette image, qui perdure néanmoins. Il faut du temps pour que les regards changent. Quand nous avons livré la villa SC dans le village très retiré d'Akoura, les habitants se sont vraiment demandé de quoi il s'agissait. Ce projet ne leur parlait pas du tout. Et petit à petit, après quelques visites, ils ont commencé à sentir un intérêt. Quand je suis allé à Paris pour la première fois, j'ai eu la même réaction : qu'est-ce que c'est que cette ville ?
J'ai toutefois le sentiment que, depuis peu, les rapports qu'entretiennent les Libanais à la culture et la manière dont l'Occident nous regarde sont en plein bouleversement.

H. S. : Au Moyen-Orient, il y a un intérêt général pour ce qui vient de l'Ouest du fait de l'engagement politique et des migrations de masse en Europe. De ce fait, de plus en plus d'Européens s'intéressent au Moyen-Orient pour la première fois.

K. G. : Ce nouveau regard ne tient-il pas également au fait que le monde occidental connaît un profond sentiment d'échec dû à la crise économique et aux crises sociales ?

H. S. : L'échec de l'idéologie européenne n'explique pas tout. Le fait qu'il y ait beaucoup d'investissements financiers dans le domaine des arts au sein de notre région, et ce, beaucoup plus qu'ailleurs, redessine la carte de la culture.

K. G.: That also raises the question of what it means to be Arab in Beirut.

Y. T.: We are discussing traditional Arab music the way we could talk about the Lebanese house with its three arcades. For many, that is Lebanese architecture. It took years to get people to accept other forms of houses, to let go of this image, which nevertheless persists. It takes time for attitudes to change. When we delivered the SC House in the very remote village of Akoura, the inhabitants were truly dumfounded. The project made no sense to them at all. Little by little, however, after a few visits, they began to grasp the benefits. When I went to Paris for the first time, I had the same reaction. I thought to myself, what on earth is this city about?
But lately I have the feeling that the relationships the Lebanese maintain with the culture and the way we are viewed in the West are in a state of flux.

H. S.: In the Middle East, there is a general interest in everything that comes from the West, owing to its political involvement and to mass migrations to Europe. Because of this, Europeans are increasingly interested in the Middle East for the first time.

K. G.: Isn't this new perspective also due to the fact that the Western world is experiencing deep feelings of failure because of its economic and social crises?

H. S.: The failure of European ideologies cannot explain everything. The fact that there have been a very large number of major investments in the domain of the arts in our region, and far more than elsewhere, has redrawn the map of culture.

Y. T.: Do we still have to go searching for major new ideologies? I am not sure. We are all being carried along by temporary and highly contradictory situations. We seem to function quite well this way.

Y. T. : Doit-on pour autant aller encore à la recherche de grandes idéologies ? Je ne suis pas sûr. Nous sommes tous portés par des situations provisoires et très contradictoires. Nous fonctionnons bien ainsi.

H. S. : Il est vrai que cette capacité de changement est très spécifique au Liban. Dans les autres pays arabes, il en est tout autrement. Ne serait-ce qu'en politique, lors de ces trente dernières années, la réalité vécue a été tellement intense qu'il est impossible de ne pas développer son propre modèle d'existence.

Y. T. : J'ai le sentiment que nous vivons très facilement avec nos objections. Ici, il n'est pas gênant de penser quelque chose et de considérer l'inverse le lendemain. La notion de cohérence repose sur des critères d'adaptabilité. La cohérence revient à pouvoir vivre, survivre, s'adapter... et c'est tout.

K. D. : Comment envisagez-vous la notion de confrontation au regard de cette culture du paradoxe ?

K. G. : Parmi les architectes que je connais, Youssef, vous êtes le plus doux ! Celui qui parle le moins fort, écoute d'abord les autres... Mais quand on regarde votre travail, on comprend que vous cherchez à créer des confrontations très fortes par vos projets. À mon sens, l'université Saint-Joseph est un bâtiment intégré dans son environnement et qui, paradoxalement, se confronte à lui vraiment brutalement...

H. S. : La confrontation avec l'extérieur est une situation perpétuelle au Liban. Il y a sans cesse affrontement familial, éducatif, culturel, vestimentaire, politique, automobiliste.
Quand je suis sur scène, ce phénomène me revient vivement du fait de la relation directe au public. Un millier de personnes devant toi... En un sens, tu as envie de leur faire plaisir, mais d'un autre côté, tu ne veux pas te renier non plus. Cela revient à se demander comment briser des codes sociaux sans les désintégrer complètement.

Confrontation with the exterior is a perpetual condition of life in Lebanon.

H. S.: It is true that this ability to adapt is very specific to Lebanon. In other Arab countries, it is a totally different story. If only in the realm of politics, over the last thirty years, the experience of reality has been so intense that it is impossible to avoid developing one's own template for existing.

Y. T.: I have the feeling we can live quite easily with our objections. Here it is not a problem to think one thing one day and consider its opposite the next. The idea of coherence relies on criteria of adaptability. Coherence is just about being able to live, survive, adapt... nothing more.

K. D.: How do you view the idea of confrontation in light of this culture of paradox?

K. G.: Youssef, among the architects I know, you are the gentlest! The one who speaks with the softest voice, listens to others first... But when we look at your work, we can see that you aim to create very intense confrontations through your projects. To my mind, St Joseph University is a building that is integrated into its environment, and which, paradoxically, confronts it in a very brutal way.

H. S.: Confrontation with the exterior is a perpetual condition of life in Lebanon. There is unceasing confrontation, whether it be with the family, or educational, cultural, dress, political, or between drivers in traffic.
When I am on stage, this phenomenon really strikes me immediately, because I am in a direct rapport with the public. A thousand people in front of you... In one sense, you want to delight them, but in another, you do not wish to deny your true self either. That amounts to finding a way of breaking social codes without totally disintegrating them.

K. G. : En dehors de la scène, Hamed, vous êtes également réservé. Mais dès que vous y montez, vous vous transformez. Physiquement, vous devenez un corps très très brutal…

Y. T. : Il double de volume !

K. G. : Quand il est sur scène, il n'a pas besoin d'approcher le micro de sa bouche pour chanter. Sa voix porte énormément et peut le sauver de toutes les situations.

H. S. : Je n'ai pas d'autres solutions ! Si je devais aller sur scène avec la même carrure et attitude que j'ai d'ordinaire, j'aurais l'air tout petit. Je me cacherais derrière le micro, je ne bougerais pas, je ne me confronterais pas. Un concert est un acte agressif. Tu as mille personnes devant toi dans la salle et tu leur demandes de se taire pour t'écouter… C'est du fascisme ! Tu as intérêt à m'écouter, et si tu n'es pas d'accord, tu vas devoir crier très fort…
Pour prendre le pouvoir et être capable de chanter devant les gens, tu dois être quelqu'un d'autre. N'importe quelle « bête de scène » a conscience de cela. C'est un mensonge, le concert… un putain de mensonge !
La scène amplifie cette partie de ta personne qui ne s'exprime pas vraiment habituellement, qui n'a pas d'opportunité pour exister dans la vie réelle.

Y. T. : Hamed croit en ce qu'il chante. Il peut donc devenir une autre personne, un personnage de bande dessinée, par exemple, ou un super-héros !
Quand je travaille sur un projet d'architecture, si je suis brutal et sans concession, c'est parce que je veux préserver le rêve… Et quand je pense au rêve, je crois devenir un animal. J'aimerais pouvoir constamment pousser mes limites plus loin. Et si je sens que j'en ai les moyens, alors je les explore à l'extrême pour défendre la part du rêve. C'est une quête très solitaire.

K. G.: Hamed, you are just as reserved off stage. But as soon as you are on, you are transformed. Physically you become a very brutal body.

Y. T.: He doubles the volume!

K. G.: When he is on stage, he doesn't need to bring the microphone close to his mouth to sing. His voice carries a lot, and can rescue just about any situation.

H. S.: I do not have any other solutions! If I had to go on stage with the same stature and attitude I usually have, I would look all tiny. I would hide behind the microphone. I wouldn't budge. I wouldn't test myself. A concert is an aggressive act. You have a thousand people in front of you in the venue and you ask them to be quiet so they can listen to you. It is fascism! You better listen to me, and if you don't agree, you are going to have to scream very loudly.
To seize control and sing in front of people, you have to be someone else. Every stage performer is aware of this. It is a lie, the concert… a friggin' lie!
The stage exaggerates the part of you that is not really expressed, which ordinarily does not have the opportunity to exist in real life.

Y. T.: Hamed believes in his songs. He can even become someone else, a character in a comic book, for example, or a superhero!
When I am working on an architecture project, if I am brutal and uncompromising, it is because I want to preserve the dream. And when I think about the dream, I believe I become an animal. I would like to be able to constantly push my limits further. And if I sense that I have the resources, then I exploit them to the extreme to defend the part that is the dream. But it is a lonely quest.

« J'ai vu la beauté avec la conviction
que c'était le seul rempart pour ne pas politiser
la société. »

"I viewed beauty with the conviction that it was
the sole rampart against society's becoming
politicized."

Entretien avec l'artiste Ziad Abillama

Karine Dana : Comment êtes-vous devenu artiste ?

Ziad Abillama : Depuis la fin de la première guerre du Golfe en 1991, je me suis beaucoup questionné sur l'idée de communication et sur l'idée de ce qui en est exclu. Comment les médias parviennent-ils à parler avec une telle aisance de personnes que l'on s'apprête à massacrer ? En arrière-plan, une problématique philosophique centrale : celle du même et celle de l'autre. L'autre, ce n'est pas exactement une substance ou une personne, mais une construction linguistique. Les médias ne me parlent pas mais s'adressent à un autre qui est supposé être moi. Si je n'ai pas la célérité d'adapter mon identité à ce discours, on ne s'adressera plus à moi mais à un autre... Et si l'on accepte que chacun est constitué de mots et de phrases, alors le pouvoir de la communication nous promet que tout le monde peut comprendre le message. C'est une promesse très forte, et quelque part religieuse, car elle permet de regrouper les gens et d'évacuer le non-sens.

En tant qu'arabe, lorsque que j'ai vécu aux États-Unis (de 1987 à 1991), j'ai compris à quel point je n'appartenais pas au sens commun, à quel point j'étais incompatible avec la notion de consensus. Et à cette époque,

Interview with the artist Ziad Abillama

Karine Dana: How did you become an artist?

Ziad Abillama: Since the end of the First Gulf War in 1991, I've been thinking a lot about the idea of communication and about the idea of what gets left out. I wonder how the media manage to speak with such ease about people who are about to be massacred? In the background, I see a central philosophical problem: the one of the same and the one of the Other. The Other is not exactly a substance or a person, but rather a linguistic construction. The media speak to me, but they are targeting someone else who is supposed to be me. If I do not have the speed to adapt my identity to this discourse, they are no longer targeting me, but someone else... And if one accepts that each person is composed of words and sentences, then the power of communication promises us that everyone can understand the message. It is a very powerful promise, and in certain respects a religious one, because it makes it possible to put people into groups and to eliminate nonsense words.

As an Arab, when I lived in the United States (from 1987 to 1991), I came to understand to what degree I was not a part of the common sense there, the degree to which I was incompatible with the notion of

le consensus revenait à faire la guerre. À la faire pour de « bonnes » raisons. C'est alors que je suis devenu artiste. J'ai vu la beauté avec la conviction que c'était le seul rempart pour ne pas politiser la société. Mais au Liban, l'artiste est un amuseur. Il n'a pas de légitimité. Mes objets sont des trouble-fête sociaux. Ils sont faits pour circuler.
Mon travail me conduit souvent à revenir à Mondrian, comme quelqu'un faisant le même vœu que les Américains pendant la guerre d'Irak : un encouragement à comprendre qu'à travers une notion séparée des politiques et des préjugés, on peut regrouper une population.

K. D. : Quelles ont été vos positions pendant la guerre civile ?

Z. A. : En tant que militant, je me suis depuis battu contre des technocrates qui voulaient biffer la guerre. Ils la rattachaient au monde du désordre, invoquant l'idée que nous pouvions en sortir car nous étions des gens propres. Un seul pas de côté aurait suffi pour aboutir à une civilisation. Le représentant de ce type de discours a été feu Rafiq Hariri. Sa position sur la reconstruction du centre-ville de Beyrouth visait à redonner une virginité au Liban. L'opération immobilière Solidere qu'il a alors lancée se destinait à nous endormir : la guerre ne serait qu'un accident et n'aurait rien à voir avec le Liban véritable.
J'essaie aujourd'hui de donner un contre-pouvoir à cette idée que le Liban est devenu un immense Disneyland.

Youssef Tohme : Durant la guerre civile, le Liban a été coupé en deux, d'est en ouest. Les gens ont été enfermés dans des périmètres. D'un côté, les chrétiens et, de l'autre, les musulmans. Ziad a décidé d'habiter côté musulman, alors qu'il est chrétien. Il s'est coupé de sa famille. Il s'agissait pour lui de désapprendre certains comportements et une certaine logique.

consensus. And at that period, the consensus was to go to war. To fight it for "good" reasons. That was when I became an artist. I viewed beauty with the conviction that it was the sole rampart against society's becoming politicized. But in Lebanon, the role of the artist is to amuse. Artists are not considered legitimate. My objects are social trouble-makers. They are made to be circulated.
My work often brings me back to Mondrian, as someone who had the same wish as the Americans during the war in Iraq. It is intended as an encouragement to understand that by separating politics and prejudice, a population can be brought back together.

K. D.: What positions did you take during the civil war?

Z. A.: As a militant, I fought against the technocrats who wanted to erase the war. They connected it to a world in disorder, invoking the idea that we could step out of it because our hands were clean. Just one step to the side would have been enough to lead to civilization. The chief spokesperson for this type of argument was the deceased Rafiq Hariri. His position on the reconstruction of the town center of Beirut aimed to restore Lebanon's virginity. The real estate development program he launched at the time was designed to put us to sleep. The war was supposedly just an accident and had nothing to do with the genuine Lebanon.
Today, I am trying to introduce a counter-weight to this idea that Lebanon has become a giant Disneyland.

Youssef Tohme: During the civil war, Lebanon was split in two, from east to west. The people were enclosed inside these perimeters. On one side the Christians and, on the other, the Muslims. Ziad decided to live on the Muslim side, although he is a Christian. He cut himself off from his family. For him it was about unlearning certain behaviors and ways of thinking.

Z. A. : J'ai ainsi voulu donner une chance au territoire. Quand j'ai habité de l'« autre » côté, c'était par désir de ne pas m'enfermer dans des à priori, comme un effet de jeunesse débordante. J'ai préféré me laisser envahir par des phénomènes qui ne reproduisaient pas ce que j'étais. J'ai dû accepter que se produise quelque chose hors philosophie.
Aujourd'hui, il y a toujours une guerre, une guerre culturelle. À partir de là que peut-on dire ? Je constate que la scène artistique libanaise contemporaine est incapable d'offrir une alternative au discours du Hezbollah. Cela veut donc dire qu'il y a des pratiques artistiques qui n'ont pas seulement capitulé mais qui ont été dépassées par ce discours-là.

K. D. : Comment comprenez-vous la notion d'identité libanaise ?

Z. A. : Quand j'ai commencé à parler de l'impossibilité d'être un Arabe aujourd'hui, j'ai fait peur à mes contemporains. Le fait que je lise des auteurs et philosophes français implique-t-il que je suis un faux Arabe ? Que les Arabes ne sont pas là mais toujours plus loin ? Quand un acte terroriste vise les tours jumelles, cet acte se produit-il en Amérique ou au Moyen-Orient ? Je suis le fils de la guerre du Golfe, cela fait-il de moi pour autant un Américain ?
L'identité est une quête, un déplacement de soi. Mais je refuse d'en faire une question de puissance car je constate qu'il y a une amplification de la notion d'identité associée aux désastres philosophiques et politiques du XXe siècle.

K. D. : Et envisagez-vous l'existence d'une modernité non occidentale ?

Z. A. : Je suis le fils d'un corpus philosophique interpellé par la modernité occidentale. J'ai compris très tôt qu'au Liban il y avait une guerre culturelle. Y parler de modernité non occidentale revenait à s'exprimer en se reposant sur des identités d'égal à égal. Mais, non, à l'origine est l'impérialisme. Le Liban et l'Occident ne se sont pas parlé d'égal à égal. Le monde arabe a été construit comme un objet de savoir dont sociologues, romanciers, politiques et historiens se sont

Z. A.: In this way I wanted to give the land a chance. When I lived on the "other" side, it was because of a desire not to allow myself to be shut into a priori constructs, like an effect of youth overflowing with energy. I preferred to let myself be invaded by phenomena that did not reproduce what I was. I had to accept that something could happen outside the realm of philosophy.
Today, there is still a war, a culture war. Given that, what can one say? I observe that the Lebanese art scene is incapable of offering an alternative to the discourse of Hezbollah. That means not only that there are artistic practices that have capitulated, but also that they have been overtaken by that discourse.

K. D.: What does the notion of Lebanese identity mean for you?

Z. A.: When I began to speak about the impossibility of being an Arab today, I frightened my contemporaries. Does the fact I read French authors and philosophers imply I am not a real Arab? That the Arabs are not here but always somewhere further off? When a terrorist act targets the twin towers, does this act occur in America or in the Middle East? I am a child of the Gulf War, but does that make me an American? Identity is a quest, a shift in oneself. But I refuse to make it into an issue of power, because I notice that there is an amplification of the notion of identity associated with the philosophical disasters of the 20th century.

K. D.: Do you envisage the existence of a non-Western modernity?

Z. A.: I am the child of a philosophical corpus questioned by Western modernity. I understood very early on that there was a culture war in Lebanon. To talk about a non-Western modernity there was the same as expressing oneself based on the assumption that all identities were equal.

emparés au moment de son déclin. Or, je veux pouvoir vivre de l'intérieur une différence radicale, sans me mettre en situation de héros, ni en état de conquête ou de triomphe du savoir.
La guerre contre le terrorisme est en train de dessécher ce qui déborde un tant soit peu et qui mérite d'être entendu. L'on peut être malpropre sans être dans un exorcisme de sa laideur. Je préfère une laideur agissante à une esthétique triomphante.

K. D. : Ce qui déborde a été également raboté par cette imparable forme d'action politique et de contrôle qu'est le design. D'une certaine manière, il s'agit d'une victoire de l'impérialisme occidental, dont l'opération Solidere constitue un produit.

Z. A. : Oui, la question du langage de la décoration, de son triomphe comme celui du design correspond à un moment de défaite pour le Liban. Le moment où l'on est venu nous dire : « Ne pensez pas à votre guerre, on va reconstruire le territoire avec la promesse que vous allez être aussi normaux que les Occidentaux. Nous allons vous fournir des meubles et des couleurs. » Je suis très conscient de cette dimension-là et je m'y suis opposé très tôt. Cela fait écho à un moment précis de l'histoire du Liban.

K. D. : Néanmoins, chaque individu semble participer largement de la fabrique du territoire et en brouiller la lecture par une liberté d'action qui paraît plus forte que ce qui est transposé...

Z. A. : Dans le territoire libanais, il y a de l'indécidable, de l'appropriable et donc de l'espace transformé. Cette liberté-là vaut cher, même s'il y a également de la souffrance car on ignore ce que peut produire cette logique.

But, no: at the origin is imperialism. Lebanon and the West do not speak to each other as equals. The Arab world is an object of knowledge, a construction that sociologists, novelists, politicians, and historians seized upon at the moment of its decline. However, I want to be able to live inside a radical difference without having to put myself in a situation of playing the hero, or in a state of conquest or of the triumph of knowledge.
The war against terrorism is in the process of drying up everything that stands out, even if just a little bit, and that deserves to be heard. One can be grubby and unclean without seeking to exorcise one's ugliness. I prefer an active ugliness to a triumphant aesthetic.

K. D.: What stands out has also been erased by the unbeatable form of political action and control that is design. In a way, this is an example of a victory for Western imperialism, of which the Solidere operation is a product.

Z. A.: Yes, the question of the language of decoration, of its triumph through design, corresponds to a moment of defeat for Lebanon. The moment when they came to you and said: "Don't think about your war. We are going to rebuild the region with the promise that you too are going to be just as normal as the Westerners. We are going to supply you with furniture and colors." I am very conscious of that particular aspect and I opposed it very early on. It echoes a precise moment in Lebanon's history.

K. D.: However, each individual seems to participate a great deal in the making of the territory, and to scramble the ability to grasp it in its entirety owing to a freedom of action that appears to be stronger than what is being transposed...

Z. A.: In Lebanese territory there is something of the undecidable, of the appropriable, and therefore of space transformed. This freedom costs a lot, even if there is also suffering because what produces this logic is unknown.
I see this subjectivity concerning the territory as a part that resists despite know-how, knowledge and

Je vis cette subjectivité quant au territoire comme une part qui résiste malgré le savoir, la connaissance et le conscient. Je ne suis pas sûr que cela ait un potentiel révolutionnaire. Cette dimension n'est pas à protéger : elle n'est pas attaquée, car elle n'est pas directement gérable. Il ne faut d'ailleurs pas trop attirer l'attention dessus !

Y. T. : En tant qu'architecte, cette place gagnée sur l'« indécidable » nous permet d'explorer des marges de liberté intéressantes. On construit ici comme on ne pourrait construire en France. Les politiciens, également, y trouvent satisfaction... Parallèlement, cet espace de débordement qui résiste renvoie aussi à une face malheureuse, à la perte d'idéaux. Cette prise sur les limites de la ville est intéressante quand on ne la conçoit pas comme une règle globale, mais ponctuellement, pour échapper à une situation ou permettre aux gens de s'exprimer.

K. D. : Qu'est-ce qui détermine ces ouvertures ?

Z. A. : C'est une question qu'il ne faut pas se poser. Je suis tenté de me dire cela. Il faut accepter qu'il y ait un égarement originel. Je me méfie beaucoup du discours sur les origines. Quand le Hezbollah a commencé à croire à son origine, il n'a plus voulu se remettre en question. À ce moment-là, la guerre culturelle a été remplacée par une guerre militaire avec la polarisation et l'idée que ceux qui se battent sont des gens qui ne se ressemblent pas.

Y. T. : Ces failles dans le territoire tiennent au fait que les Libanais ne se sont jamais retrouvés dans une histoire commune. Il n'y a jamais eu consensus car il y a toujours une partie du peuple qui peut fuir qui est épargnée. Même dans le malheur, il n'y a jamais de cause mobilisatrice mais une somme de terrains d'entente. Quand les Irakiens ont combattu l'Iran, tout le peuple iranien s'est senti menacé. Chez nous, à aucun moment il n'y a cette convergence.

Z. A. : Vous semblez dire que quelque chose comme la révolution russe ne s'est jamais produit au Liban, c'est cela ?

consciousness. I am not sure there is any revolutionary potential in all that. This dimension is not to be protected: it is not under attack, because it cannot be managed directly. We mustn't draw too much attention to it either, by the way!

Y. T.: As an architect, this area won back from the "undecidable" allows us to explore interesting margins of liberty. One can build in ways that are not possible in France. The politicians also get something out of it... In parallel, this space of overflowing, that resists, has an unhappy side too, the one of lost ideals. This grasp of the limits of the city is interesting when it is not taken as an overall rule, but used in specific contexts, to escape from a situation or to allow people to express themselves.

K. D.: What determines these openings?

Z. A.: That is a question that must not be asked—at least, so I am tempted to tell myself. We just have to accept that at some original point we lost our way. I am very wary of discourses on origins. When Hezbollah began to believe in its origin, it no longer wanted to question itself. At that moment, the culture war was replaced by a military war, with polarization and the idea that those who are fighting on each side have no resemblance to each other.

Y. T.: These fault lines in the territory are due to the fact that the Lebanese have never managed to agree upon a shared history. There has never been a consensus because there have always been segments of the population that can flee, that are spared. Even in the worst of times, there is never a cause that brings people together; there are only areas of understanding. When the Iraqis were fighting Iran, the entire Iranian people felt threatened. In Lebanon, there has never been such convergence.

On doit protéger et construire une innocence identitaire.

S'il y a une guerre économique, il y a toujours des gens qui en réchappent. S'il y a une guerre politique, aussi, militaire, également. Toutes les formes de guerre conduisent à ce qu'une partie de la population soit épargnée.
L'industrie touristique repose, quant à elle, sur une notion collective des Libanais. Circule l'idée que nous sommes des gens accueillants, que l'on reçoit bien les Occidentaux et les Orientaux. Cette question-là paraît salvatrice : nous aurions un rôle historique à jouer dans cette partie du monde. On ne peut enlever cela aux Libanais. On doit protéger et construire une innocence identitaire.

Y. T. : J'envisage la construction d'une identité libanaise en posant la contradiction comme principal fondement. Cette capacité de retournement, de redéfinition permanente constitue un intérêt très contemporain que nous pourrions légitimer.

Z. A. : Vous ne croyez pas que ce que vous décrivez relève de la névrose, dans la conception même du capitalisme occidental ? Cela ne s'apparenterait-il pas à la construction insatiable du nouveau, à l'incapacité de comprendre les racines ?

Y. T. : Quand je suis en France, je dis « nous » les Occidentaux et « eux » les Libanais. Quand je suis au Liban, je dis l'inverse...

Z. A.: You seem to be saying that something like the Russian Revolution has never happened in Lebanon. Am I right? If there is an economic war, there are always people who escape. And also if there is a political war; also for a military one. All forms of war lead to one part of the population being spared.
As for the tourist industry, it depends on a collective notion of the Lebanese. The idea that we are very welcoming people is circulating, that we receive both westerners and easterners well. That question seems to be life-saving. It seems we would have some sort of historic role to play in this part of the world. That cannot be taken away from the Lebanese. We have to protect and build up an identity of innocence.

Y. T.: I envisage the construction of a Lebanese identity by posing contradiction as the main foundation. This ability to turn things around, to constantly redefine things, is a very contemporary interest that we could legitimize.

Z. A.: Don't you think that what you are describing is a sort of neurosis in the very conception of Western capitalism? Is it not akin to the insatiable construction of the new, to the inability to understand one's roots?

Y. T.: When I am in France, I say "us" the Westerners and "them" the Lebanese. When I am in Lebanon, I say the opposite...

Z. A.: This project of alternately being "we" and "they" is not theoretically admissible. It's really more of an impertinence. Through this shifting of points of view, this ability to recognize oneself in everything, you are telling philosophy to go and put its clothes back on! You are saying you can live with your pleasure as you see fit. This desire for freedom is beautiful. I love it. But I only see it through a rigorous criticism of the dialectic. I try to step back from confrontation to understand why people are killing each other. I want to believe that the people who fought got lost in their own logic.

Z. A. : Ce projet d'être nous et eux de façon alternative n'est pas recevable en tant que projet théorique mais en tant qu'impertinence. Par ces changements de points de vue, cette capacité à se reconnaître dans tout, vous dites à la philosophie d'aller se rhabiller ! Vous dites pouvoir habiter votre plaisir comme vous le voulez. Cette envie de liberté est belle, je l'aime. Mais je ne la vis qu'à partir d'une rigoureuse critique de la dialectique. J'essaie de ramener de la confrontation pour comprendre pourquoi les gens se tuent. Je veux que des gens qui se sont combattus se soient égarés dans leur logique.

Y. T. : J'essaie de dire que...

Z. A. : Que vous ne pouvez pas nous sauver !

Y. T. : Non, je dis que je peux sauver Ziad, que Ziad peut sauver Karine, qui sauvera un autre, etc.
Je ne veux pas revenir à un idéal, il n'y en a plus. Cette chaîne peut signifier qu'il faut arrêter de revenir à la construction de l'édifice.
Nous sommes toujours confrontés à notre propre définition mais incapables d'opérer ensemble suivant un objectif commun. Si l'on regarde le présent, ce qui me paraît intéressant, c'est que nous sommes toujours en train de survivre.

Z. A. : Vous posez la question de la modernité comme pourrait la poser Foucault, à savoir : que peut-on faire aujourd'hui ? Cela ne veut pas dire que le présent se débarrasse de l'état de guerre. Mais être au présent, comme conscient du pire.
En cela, j'entends Karine quand elle dit que des choses débordent du territoire sans que l'on ne sache trop pour qui, ni pour combien de temps. Il y a là une sorte de sagesse à accepter le partiel et des chances d'émergence qui ne sont pas dominées par le logos.

Since the Lebanese are afraid of disappearing, they are turning to strategies of transformation, their only system of life-support.

Y. T.: I'm trying to say that...

Z. A.: That you cannot save us!

Y. T.: No, I am saying that I can save Ziad, that Ziad can save Karine, who will save someone else, and so on.
I do not want to go back to an ideal. There aren't any anymore. This chain can signify that we have to stop going back to build the edifice.
We are always being confronted with our own definition but are incapable of working together toward a common goal. If one looks at the present, what seems interesting to me is that we are still surviving.

Z. A.: You ask the question about modernity the way Foucault would, in other words: what can we do today? That does not mean the present rids itself of the state of war, but rather means being in the present as an awareness of the worst.
From that standpoint, I understand Karine when she says that things are overlapping from the territory without knowing for whom, or for how long. There is a sort of wisdom in accepting the partial and the chances of emergence that are not dominated by the logos.

Y. T.: Our common identity lies in this space of overflowing. Since the Lebanese are afraid of disappearing, they are turning to strategies of transformation, their only system of life-support. But these strategies are only possible because the limits are burred and allow for an eventual dilation within the territory. "I push you, you push me, I escape, and I transform myself."

Y. T. : Notre identité commune se trouve dans cet espace de débordement. Comme les Libanais ont peur de disparaître, ils ont recours à des stratégies de transformation, leur seul appareil de survie. Or ces stratégies sont rendues possibles parce qu'il y a des limites floues et donc de la dilatation éventuelle au sein du territoire. « Je te pousse, tu me pousses, j'échappe, je me transforme. »

Z. A. : Vous touchez un point névralgique en évoquant une phénoménalité de l'ailleurs. Je suis plus pessimiste car je pense que l'ailleurs est là d'où l'on provient. Au XVIIIe siècle, on disait que l'Occident était en décrépitude, en décadence, et qu'il fallait aller vers un Orient dont on ne savait rien. Cette migration des intérêts a concerné bien sûr les architectes occidentaux. L'Occidental espère toujours qu'un « autre » existe ailleurs mais comprend-il qu'il projette ainsi son univers, sa décadence et son empire ? Je veux que l'on entende que cela me pose un problème. Croire que l'on a quitté l'Occident en déperdition et que l'on a trouvé une alternative ici, au Liban, revient à nourrir une idéologie dangereuse.

Y. T. : Mais l'« autre » est aussi en Occident. Cette nouvelle donne remonte notamment aux événements du 11 septembre 2001.

Z. A. : Oui... Un autre que l'on avait exclu de son calcul. L'autre dit : « Non, je ne suis pas différent ! Je suis toi, constitutivement. Je suis de l'humain qui te déborde et ton imaginaire me traverse ! »
C'est pour cela que je dis aux gens que je ne veux pas être un Arabe enfermé dans une célébration identitaire.

Y. T. : Le 11 septembre est venu cristalliser une date. Les Américains n'avaient alors que faire des Arabes. Aujourd'hui, tous les yeux sont tournés vers des pays comme le Liban où les musulmans cohabitent avec les chrétiens.

Z. A.: You are touching on a main nerve there by evoking a phenomenality from elsewhere. I am more pessimistic because I think that this elsewhere is where we come from.
In the 18th century, it was said that the West was in a state of decrepitude, decadent, and that one had to look to the Orient, about which they knew nothing. This migration of interests concerns of course Western architects. The Westerner always hopes that an "Other" exists elsewhere, but does he understand that in so doing he is projecting his universe, his decadence and his empire? I want people to understand that that poses a problem for me. To believe that one has left the West wasting away and found an alternative here in Lebanon, is like feeding a dangerous ideology.

Y. T.: But the "Other" is also in the West. This new given goes back to the events of September 11, 2001.

Z. A.: Yes... An "Other" that had been excluded from the calculation. The Other says: "No, I am not different! I am you, constitutively. I am the human who overlaps you and your imagination runs through me!"
That is why I tell people that I do not want to be an Arab hemmed in by the celebration of an identity.

Y. T.: September 11 came to crystallize a date. The Americans at the time couldn't have cared less about the Arabs. Today, all eyes are turned toward countries like Lebanon where the Muslims live beside Christians.

Z. A.: I am the product of certain power relationships, and I understand that I am part of a certain schizophrenia. But I am tired of people dictating what the good is to me. That is how the Arab is created, and in the end the neuroses. That is how this thing blew a fuse—how this thing, at the same time bastard, believes in philosophy and struggles with philosophy, like it believes in enjoying everything without fighting against anything. This is a sort of confrontation with servitude.
Youssef, your position inspired by humanism is very beautiful as an architect.

Pour percer en Occident, beaucoup d'artistes arabes sont devenus des objets qui ne témoignent d'aucune résistance.

Z. A. : Je suis le produit de certains rapports de force et je conçois que j'appartiens à une schizophrénie. Mais j'en ai assez que des gens me dictent le bien. Voilà comment on crée de l'Arabe, de la névrose, finalement. Voilà comment cette chose a pété un plomb, comment cette chose, en même temps bâtarde, croit à la philosophie, se bat avec la philosophie, comment elle croit à de la jouissance tout en se battant contre. C'est une sorte de confrontation avec la servitude. Youssef, votre position inspirée de l'humanisme est très belle en tant qu'architecte.

Y. T. : Certains me demandent pourquoi je ne travaille pas comme urbaniste. Je suis conscient que je me ferais avaler par le système et ne pourrais plus m'en extraire. S'occuper d'urbanisme au Liban, c'est s'attaquer à l'édifice politique. Cela signifie devenir visible. Ma manière de faire la ville revient à faire un projet, puis un autre et un autre en relation, et surtout, de rester invisible. Que l'on ne me situe jamais. Que l'on ne dise pas à mon sujet : « Lui, il veut tout changer ! » Plutôt que le changement, je cherche l'interaction.

Z. A. : Pour percer en Occident, beaucoup d'artistes arabes sont devenus des objets qui ne témoignent d'aucune résistance. Je veux savoir comment vous, Youssef, vous mobilisez par rapport à cela ?

Y. T. : Je me protège peut-être davantage que vous car je veux résister plus longtemps ! Je suis capable de me taire si certaines idées me dérangent et d'y répondre dix ans plus tard, quand j'aurai un impact suffisant sur le sujet en question.

Y. T.: Some ask me why I don't work as an urbanist. I am aware that I would be swallowed up by the system with no way out. Getting involved in urbanism in Lebanon means having to tackle the political establishment. Which means becoming visible. My way of building the city is about doing a project, then another and another in relation, and especially about staying invisible. I hope they never manage to pigeonhole me. May they never say about me: "He wanted to change everything!" Rather than change, I seek interaction.

Z. A.: To make a breakthrough in the West, many Arab artists have become objects that do not offer any sign of resistance. I want to know how you, Youssef, react to that.

Y. T.: Perhaps I protect myself more than you do because I want to resist longer! I am able to stay quiet if certain ideas bother me and to respond ten years later, when I will have a sufficient impact on the particular issue.

Z. A.: You have managed to find some sort of agreement with the elite. You can go everywhere. Not me.

Y. T.: You have to believe in human relationships. That is where you find the material of liberty.

Z. A.: I just realize that one part of the world is driving another part to hysteria, and that happens to be my part. You, Youssef, you are indeed a post-metaphysical thinker. You use categories that belong to God and you arrange them as you see fit! You do architecture to avoid growing up. Is that it?
When I think about the St Joseph University that you built in Beirut, I like its silence a lot. It is a real find. One can tell that you want people to be able to relax with you. You place the user at the limit of the playful, without going all the way, because there is distance in this project. It is an architectural solution and not an amusement. You manage to develop spaces for relaxation even under conditions where one has to be active and awake... Maintaining mobility

Z. A. : Vous avez réussi à pactiser avec l'élite, vous pouvez circuler partout. Pas moi.

Y. T. : Il faut croire dans les rapports humains, c'est là qu'est contenue la matière libre.

Z. A. : Je me rends juste compte qu'une partie du monde hystérise une autre partie à laquelle j'appartiens. Vous, Youssef, vous êtes un penseur post-métaphysicien. Vous employez les catégories qui appartiennent à Dieu et les agencez comme bon vous semble ! Vous faites de l'architecture pour rester un enfant, c'est bien cela ?
Quand je pense à l'université Saint-Joseph que vous avez construite à Beyrouth, son silence me plaît beaucoup. C'est une trouvaille. On sent que vous avez envie que les gens se reposent avec vous. Vous posez l'usager à la limite du ludique, mais sans y céder car il y a du retrait dans ce projet. C'est une solution architecturale et pas un amusement. Vous parvenez à développer des espaces de relâchement même dans des conditions où il faut être éveillé, actif... Garder la mobilité alors que l'on est entré dans le silence, c'est une belle idée. Aussi, fallait-il oser concevoir à cette hauteur-là des terrains de basket pour des dizaines de personnes ainsi qu'une piscine olympique dont les parois vitrées ouvrent pleinement sur le bâtiment officiel de la Sécurité nationale !
Créer les conditions de l'échange autorise une forme d'anarchie. Il y a chez vous un besoin de civilisation.

Y. T. : Je ne nie rien, ni du point de vue du tissu, de ce qui existe, ou de la voirie. Mais le fait que tout à coup, en pleine ville, à cet endroit-là il puisse y avoir une situation d'intériorité change le point de vue sur Beyrouth. Les situations de dialogue que l'architecture rend possible m'intéressent particulièrement, tout comme les moments de basculement et de retenue qui les précèdent. Mon travail se situe à la limite de l'espace maîtrisé et de l'espace fugitif.

Z. A. : Vous n'êtes pas un Wilmotte qui arrive à endormir tout le monde, ni une Zaha Hadid qui lance

My work is at the edge of where controlled space changes to fugitive space.

while one has entered a silent zone is beautiful idea. You also had to dare to design, at that height, basketball courts for dozens of people and an Olympic swimming pool and glass walls opening onto the main office of National Security!
Creating conditions of exchange that allow for a sort of anarchy. You have need of civilization.

Y. T.: I don't deny any of that, from the point of view of the fabric, of what exists, or of the road system. But the fact that, suddenly, in the middle of the city, at that particular spot there might be a situation of interiority changes the point of view over Beirut. The situations of dialogue that architecture makes possible are of particular interest to me, like the moments of shifting or withholding that precede them. My work is at the edge of where controlled space changes to fugitive space.

Z. A.: You are not a Wilmotte who manages to put everyone to sleep, or a Zaha Hadid who launches rockets in every direction! Your project is a counterpoint to the Solidere program, this machine for becoming that places reason at the heart of issues of conflict.
Folly and reason, by the way, are two notions that are included in just about every film on Lebanon. It touches on a gaping hole.

Here in Lebanon, people are obsessed by their own material power. They wind up believing that one can collect anything.

des fusées dans tous les sens ! Votre projet est un contre-point de vue sur Solidere, ce devenir-machine qui a mis la raison au cœur des problèmes de conflits. La folie et la raison sont d'ailleurs deux notions qui circulent dans tous les films sur le Liban. Cela touche une béance.
Puisqu'il n'est plus signifiant de penser à des devenirs nationaux, il faudrait considérer autrement les positions des auteurs libanais, en architecture comme dans toutes les disciplines. Il est toujours intéressant de garder le loup dans la bergerie... La position de l'auteur permet de protéger l'émerveillement. Il faut assumer cette forme d'individualisme constructif et savoir d'où viennent les idées.
Youssef, vous êtes très juvénile et très complexe. Vous vous rendez vulnérable même quand votre esprit est ailleurs, vous n'êtes jamais dans un état de conquête.

Y. T. : Je ne cherche pas la cohérence, il n'y en a pas. Je ne me méfie pas et je cherche à donner la chance que les choses existent. Je sens violemment qu'il n'y pas de certitude. Cela conduit à être toujours ouvert. Je sais que les finalités et les motivations finissent par changer et que les émotions se modifient, également. Alors, je travaille par couches et tente de construire des relations comme s'il s'agissait d'un système en mue perpétuelle.

Z. A. : Il faut absolument tenir à votre position d'auteur. Ici, au Liban, les gens sont obnubilés par leur propre puissance matérielle. Ils finissent par croire que l'on peut tout collectionner. Il n'y a plus de dénuement avec lequel séjourner. C'est un peu le triomphe de l'homme-dieu qui peut tout s'approprier car la force a été exaltée.

Because it no longer makes any sense to think about national futures. The positions of Lebanese authors have to be considered from another angle, in architecture and in every discipline. It is always interesting to keep the wolf in the sheep pen... The position of the author makes it possible to protect wonderment. This form of constructive individualism has to be assumed and one has to know where ideas come from.
Youssef, you are quite juvenile and complex. You make yourself quite vulnerable, even when your mind is wandering. You are never in a state of conquest.

Y. T.: I do not seek coherence. There isn't any. I am not a wary person and I try to give things a chance to exist together. I feel viscerally that there is no certainty. That leads to being always open. I know that the ends and the motivations always wind up changing and that emotions change too. So, I work layer by layer and attempt to build relations as if there were a system in perpetual motion.

Z. A.: You absolutely must hold on to your position as an author. Here in Lebanon, people are obsessed by their own material power. They wind up believing that one can collect anything. There is no longer any destitution with which one can sojourn. It is a bit like the triumph of the God-man who can appropriate everything because strength has been exalted.

« Ce sont à de nouvelles manières de penser et de faire que nous sommes désormais invités. »

"These are new ways of thinking and doing to which we are invited."

Chris Younès, philosophe

Des métamorphoses régénératrices vs mortifères : l'enjeu pour Beyrouth

Beyrouth renaît de ses ruines entre un « avant », un « après » et un « à nouveau », donnant à éprouver la survivance malgré les signes d'une exacerbation et les manifestations d'une frénésie de business et de profit financier. La ville se montre aujourd'hui morcelée, avec un centre et une place des Martyrs qui à la fois se reconstruisent et se trouvent vidés. Mais les Beyrouthins sont partout et les choses subsistent. Entre la mer Méditerranée et la montagne libanaise, tout donne le désir de métamorphoses régénératrices et de renaissance de cette ville phénix mythique fascinante dans le pays du cèdre, où pourtant la peur est en partage.

La métamorphose est l'essence même des choses et des milieux. Ce terme, dont le préfixe grec *meta* signifie « au-delà » ou « ce qui vient après », désigne une succession de formes pour un phénomène, un être ou un milieu. C'est ainsi que, chez Ovide[1], qui reprend des figures mythologiques célèbres, le même personnage change d'aspect pour réaliser un projet qu'il était incapable de concrétiser auparavant. Quelque chose ou quelqu'un se déforme pour se reformer autrement. Métamorphoser les territoires existants, c'est s'inscrire dans leur devenir en intégrant ou non ce qui a déjà eu lieu, et non plus, comme dans l'antiquité gréco-latine, un défi du réel réservé à la mythologie. C'est la forme qui vient après, sous une autre forme, mais qui est d'une certaine manière déjà présente. Tout se déroule comme s'il s'agissait d'une

Chris Younès philosopher

Beirut's challenge: regenerative vs. lethal metamorphoses

Beirut is rising again from its ruins, between a "before" and an "after" and the "new," giving its inhabitants the feeling of having survived an ordeal, despite all the over-the-top signs and manifestations of a frenzy of business wheeling and dealing, and financial gain. Today the city appears parcelized, with a center and Martyrs' Square, which, though rebuilt, are empty. But Beirutis are everywhere and things manage to subsist. Between the Mediterranean Sea and Mount Lebanon, everything kindles a desire for regenerative metamorphoses and the renaissance of this fascinating and mythical Phoenix-like city, reborn from its ashes in the land of the famous cedars, where, however, fear is everywhere.

Metamorphosis is the very essence of things and environments. This term, whose Greek prefix *meta* signifies "beyond" or "what comes after," designates a series of forms for a phenomenon, a being, or an environment. This is how, in the eponymous text by Ovid,[1] in which he adopts the famous figures of mythology, characters change their appearance in order to carry out a project which they were incapable of achieving before such transformations. Something or someone loses its form to be reformed in a new way. Today, carrying out a metamorphosis of existing territories is to inscribe their future by integrating —or not—what has already occurred, and is no longer, as in classical antiquity, a real challenge reserved for mythology. The form comes after, in another form,

puissance de réinvention des formes de vie, que ce soit par des ajustements en fonction du temps qui passe ou par des transmutations culturelles. C'est un changement radical dans la façon de penser étant donné que l'accent est mis sur la question du temps et des relations des éléments entre eux.

Dynamique des milieux habités

Dans les milieux habités, qui sont des systèmes complexes auto-organisés, des enchaînements, tous les maillons sont solidaires, et pourtant chacun, en même temps qu'il est rattaché aux autres, dispose de sa propre initiative. Certes une systémique ordonne les éléments qui composent un milieu, mais elle n'est ni mécanique ni nécessaire. Il y a toujours entre un chaînon et un autre une possibilité de variation, de retard, de changement, bien que ces constituants tiennent les uns aux autres dans un rapport dynamique. C'est ainsi qu'un milieu est vivant, et c'est ce par quoi il diffère d'un milieu inerte, puisque, même mis dans des conditions limites, il ne perd jamais cette initiative qui reflète sa vitalité.

Mais les métamorphoses produites peuvent être mortifères ou régénératrices. Aussi l'interrogation actuelle sur les capacités résilientes d'un milieu urbain est-elle particulièrement significative des enjeux cruciaux de reconfiguration des territoires et des changements de paradigmes dans les façons d'envisager les relations des hommes entre eux et avec le milieu naturel. Cela renvoie à des données environnementales objectivables mais aussi à la capacité à dépasser des catastrophes pour aller vers une ouverture de la rencontre avec le monde dans sa « signifiance insignifiable », et ce à partir du pouvoir de renaître pour un autre cycle, comme le phénix après qu'il s'est consumé dans les flammes.

Allier nature et cultures

À un imaginaire techniciste qui a orienté un certain modernisme, se superpose désormais celui d'une symbiose et d'un ressourcement féconds par le « naturel de la nature » et l'entrelacs avec les cultures, en même temps que se généralise le monde urbain. Comme si, pour que le monde reste habitable, les forces de la culture devaient se connecter à la nature,

but which is, in a sense, already present. Everything unfolds as if under the effects of a power operating to reinvent life forms, whether by adjustments in the passage of time or by cultural transmutations. It is a radical change in the way of thinking, given that the accent is placed on the question of time and the relationships between the elements.

Dynamic of inhabited environments

In inhabited environments, which are complex self-organizing systems or chains, all the links are united, and yet each one, while attached to the others, possesses its own capacity of initiative. Of course, a system orders the elements comprising an environment, but it is neither mechanical nor necessary. Between one link and the next there is always the possibility of variation, delay, and change, even though these component parts hold together in a dynamic relationship. This is what makes it a living environment, and this is how it differs from an inert one, because even placed under extreme conditions, it never loses this power of initiative that reflects its vitality.

However, metamorphoses can be either lethal or regenerative. Hence, the current questioning of an urban environment's capacity of resilience signifies the crucial stakes involved in reconfiguring territories and changing our paradigms for envisaging the relationships between people and our relationship with the natural environment. This involves objectifiable environmental data, but also the capacity to get beyond catastrophes and move toward the opening of an encounter with the world in its "unsignifiable significance"; and this based on its power to be reborn for another cycle, like the phoenix, after being consumed by flames.

Combining nature and cultures

A technicist's imagination, that was orienting a certain type of modernism, is now superimposed on a modernism of symbiosis, implying a fertile return to the "natural of nature" and an interlacing of cultures, just as the urban is reaching into virtually every corner of the world. As if, for the world to remain inhabitable, the forces of culture must recon-

qui semble se présenter à l'heure actuelle comme un antidote ou un potentiel de régénération dans un monde fortement marqué voire déséquilibré par l'artifice. Les métaphores à son propos ainsi que la mode du verdissement ou l'invocation de la campagne ne donnent pas toute leur dimension à la puissance et à l'irréductibilité d'une nature qui hante les citadins et qui est bien autre chose qu'une nostalgie de la vie villageoise ou un refus de la ville. Avec ce mot sont désignés à la fois l'eau, l'air, la terre, le feu, la faune, la flore... les rythmes des saisons, des jours et des nuits, du cœur et du souffle, de la veille et du sommeil ou de la naissance et de la mort...

De façon transversale, une genèse est réitérée, comme indiquée dans l'étymologie du mot nature, du latin *natura* (du participe futur de *nascer*) qui signifie « ce qui donne naissance, le fait de naître, ce qui présage de la chose », et qui correspond en partie au grec ancien *physis* dont la racine *phù* signifie « croître et pousser ». La nature ne relève pas du domaine des choses extérieures à l'homme, puisqu'elle est en nous (elle nous porte, considérait Merleau-Ponty dans son cours sur la nature au Collège de France[2]). Elle est genèse de l'univers et elle englobe l'univers qu'elle fabrique. Elle ne se réduit pas, même s'il en est une composante, au paysage, qui, en tant qu'espace perçu et artialisé est toujours déjà une représentation mentale individuelle et collective. Elle ne se ramène pas non plus, même si elle en est une facette, à une approche environnementale faisant l'objet d'une connaissance scientifique.

Elle est tout cela, et bien davantage. Car la polysémie du terme de nature est au nouage du réel, de l'imaginaire et du symbolique, indissociable de ses expressions culturelles en leurs diversités et paradoxes. Cette nature, fragile puissance inouïe de genèse plus ou moins aléatoire, suscite dans le monde contemporain des émotions fortes, des expressions poétiques et des valeurs environnementales. Elle apparaît comme un bien commun ouvrant à d'autres expériences et à d'autres stratégies urbano-architecturales et paysagères. La référence à une nature première, immense, proche et lointaine à la fois, préservée aussi bien dans son écart que sa proximité, voisine avec une nature apprivoisée comme avec une nature

nect with nature, which currently appears to offer an antidote or the potential for regeneration in a world scarred, even thrown out of balance, by artifice. Metaphors of nature, along with the fashion for greening everything and invoking the countryside, do not reveal the full dimension of the power and the irreducibility of nature; nature that is haunting city-dwellers and which is something altogether different from nostalgia for village life or a rejection of the city. The word designates water, air, earth, fire, fauna, flora... the rhythm of the seasons, of day and night, the spark of breath, of wakefulness and sleep or of birth and death... In a transversal manner, genesis is reiterated, as indicated in the etymology of the word "nature." From the Latin *natura* (from the future participle of *nascer*), which signifies "that which gives birth, the fact of being born, that which presages the thing," and which corresponds in part to the ancient Greek *physis*, whose root *phù* signifies "to grow and to push." Nature is not from the domain of things that are exterior to humanity, because it is within us (it carries us, according to Merleau-Ponty, in his course on nature at the Collège de France).[2] The genesis of the universe, it also encompasses the universe it engenders. It is irreducible, even if it is a component of the landscape, which, as a perceived and "artialized" space is always already an individual and collective mental representation. Nor can it be summarized, even if it is a facet, by an environmental approach and as the object of scientific knowledge. It is all of these things, and far more; because the polysemy of the term "nature" is the knotting of the real, the imaginary, and the symbolic, indissociable from its cultural expressions in their diversities and paradoxes.

Nature, this fragile, astounding, and more or less random power of genesis, arouses powerful emotions in the contemporary world, as well as poetic expressions and environmental values. It reveals itself to us as a common good, opening to other experiences and other urban, architectural, and landscaping strategies. The reference to an immense, primal nature, at once close and far away, preserves both in its distance and its proximity a neighbor with a "tamed" nature and a "re-natured"

« renaturée ». Le désert, la mer, la montagne fascinent parce qu'espaces restés sauvages, alors que le paysage et le jardin attirent parce qu'entrelacs de nature et d'artifice. L'ancienne polarité, qui était à la fois opposition et complémentarité de la cité avec sa campagne et avec l'espace sauvage de la forêt du dehors au Moyen Âge, puis la polarité ville-campagne, est à présent remplacée par celle du nouage de la nature et de l'urbain. Comment les formes de cette recherche de symbiose entre nature et urbain, qui sont nombreuses dans la ville contemporaine (écoarchitecture, densité raisonnée pour éviter un mitage généralisé, ménagement des sites, des milieux, des personnes, mais aussi à l'échelle de l'habitation individuelle, aspiration à une maison avec son jardin, significative de la recherche de lien non seulement avec le végétal mais avec la nature, « grand dehors » irréductible...), peuvent-elles être activées à Beyrouth pour refaire cité ?

L'architecture comme résistance et création

Ce sont à de nouvelles manières de penser et de faire que nous sommes désormais invités. Car régénérer un milieu habité, c'est insister sur ce qui est entre les choses et les êtres comme sur ce qui devient, c'est recycler, dépolluer, vivifier, économiser, diversifier, prendre soin et recréer, ne pas oublier. L'architecte est confronté à la force qui gouverne l'univers et la matière – une matière qui, depuis le *Timée* de Platon, est réputée « rebelle » à l'intelligence ! Il doit faire face aux devenirs mais aussi à la fragilité et à la finitude qui hantent la civilisation contemporaine. Ainsi, l'architecture, par sa puissance propre, imaginaire et symbolique, est non seulement aptitude à s'adapter à des conditions géo-biophysiques mais aussi, par la re-création, résistance à l'immonde, à savoir à ce qui ne fait pas sens.

Elle participe ainsi d'une transformation du monde et contribue à un possible réenchantement. Certains architectes comme Youssef Tohme œuvrent à partir de trois fondamentaux : l'illimité, le rythme et l'ouvert.

Entre illimité et limite

Les passages entre l'illimité ou sans fond – l'*apeiron* – et le limité sont une des énigmes existentielles persistantes, puisque ne sont explicables ni la détermina-

nature. Deserts, seas and mountains fascinate because they are spaces that have remained wild, whereas the landscape and the garden exert their pull because of their interlacing of nature and artifice. The ancient polarity, which was at once the opposition and the complementarity of the city and its surrounding countryside and with the wild reaches of the forest outside during the Middle Ages, followed by the polarity of city/countryside, is currently replaced by the knotting of nature and the urban environment. How can the forms of this search for symbiosis of nature with the urban environment, which are numerous in the contemporary city (eco-architecture, planned density to avoid urban sprawl, redevelopment of sites, environments, people, but also on the scale of the individual dwelling, aspiration for a house with its garden, significant of the search for a link not only with the vegetal but also with nature, the irreducible "great outdoors"...), be activated in Beirut to remake the city?

Architecture as resistance and creation

These are new ways of thinking and doing to which we are invited. Because to regenerate an inhabited environment is to insist on what is between its things and its beings as well as on what is becoming; it is to recycle, depollute, vivify, economize, diversify, take care of and recreate, and to not forget. Architects are confronted with the force governing the universe and matter—matter, which, since Plato's *Timaeus*, is reportedly in "rebellion" against intelligence! They must deal with our futures but also with the fragility and the finitude that are haunting contemporary civilization. Thus, architecture, by its own intrinsic power, imagination, and symbolism, is not only the aptitude to adapt to geo-biophysical conditions, but is also, by its re-creation, the resistance against the vile and the filthy, i.e. against that which makes no sense.

It participates in the transformation of the world and contributes to its possible re-enchantment. Some architects, such as Youssef Tohme, pursue their work on the basis of three key concepts: boundlessness, rhythm, and openness.

tion ni comment les choses peuvent apparaître. La façon dont « un homme se porte à son existence par le relais de l'art[3] » et comment se profile un horizon sont un principe architectural fondamental.

À l'épreuve du rythme architectural

Le rythme en est un autre. L'architecture d'un édifice, d'une ville ou d'autres formes d'établissements humains engage l'existence en termes de mesures, limites, espacements, accords ou désaccords, qui sont autant d'événements éprouvés et réinventés à chaque fois par ceux qui les habitent et les parcourent. Ce qui amène à considérer plus spécifiquement la réorientation paradigmatique qui consiste à confronter la pensée du rythme à sa portée existentielle, incommensurable au chiffrage de la géométrie mathématique, anexacte (Deleuze), ouvrant ainsi à une réinterrogation de ce qui est en jeu dans l'expression architecturale.

Il est difficile d'établir une liste exhaustive des contrastes possibles qui sont différemment mobilisés à chaque fois, tels que plein/vide, extériorité/intériorité, dedans/dehors, recueil/déploiement, proche/lointain, ouvert/fermé. Mais dans l'œuvre sont ainsi transmutés en rythme architectural et paysager des rythmes primaires, depuis les pulsations et alternances propres aux phénomènes anthropologiques et cosmiques jusqu'à d'autres rythmes esthétiques ; transmuter au sens de transformer une substance en une autre[4], comme en alchimie. Ce rythme artistique a une puissance fulgurante de traversée. Il établit de la sorte des rapports entre des réalités rythmiques différentes : rythmes alternants de la nature soumis à l'irrégularité des variations cosmiques, telluriques, biologiques, rythme des saisons d'une régularité relative, rythme des jours et des nuits, du lever et du coucher du soleil, rythmes anthropologiques du cœur et du souffle, de la veille et du sommeil, rituels collectifs répétés et réactivés de la vie sociale, rythmes esthétiques des spatialités urbaines, paysagères et architecturales.

L'ouvert

De telle sorte que se trouve ménagé un séjour dans un surgissement-là, une ouverture à même de construire ou déconstruire une accueillance des hommes entre eux et avec les milieux dans lesquels

Between boundlessness and the limit

The passages between the boundless or bottomless —the *apeiron*—and the limited are among the persistent existential enigmas, because neither determination nor how things come into being can be explained. The way in which "a man carries himself into existence by the relay of art"[3] and how a horizon comes into view are basic architectural principles.

The test of architectural rhythm

Rhythm is another of these enigmas. The architecture of an edifice, a city or other forms of human institutions, engage existence in terms of measures, limits, spacing, and accords or discords; these are so many events that are tried and proven and reinvented anew by those who inhabit, use, and pass through them. Which leads us to consider more specifically the paradigmatic reorientation that involves confronting the thought underpinning rhythm with its existential scope, incommensurable with the calculating mathematics of geometry, anexacte (Deleuze: essentially, rather than accidentally, inexact), hence open to a new questioning of what is at stake in architectural expression.

It is difficult to draw up an exhaustive list of the possible contrasts that are variously brought to bear on each occasion, such as: solid/void, exteriority/interiority, inside/outside, gathering/deployment, near/faraway, open/closed. But in the work these are thus transmuted in an elementary architectural and landscaped rhythm, from the pulsations and alternating cadences specific to anthropological and cosmic phenomena all the way to other aesthetic rhythms; to transmute with meaning and to transform one substance into another,[4] as in alchemy. This artistic rhythm possesses the power to traverse matter like a bolt of lightning. It sets up the sorts of relationships between different rhythmic realities: alternating rhythms from nature subject to irregularity, such as cosmic, telluric, and biological variations; the rhythm of the seasons, of relative regularity, the rhythm of day and night, sunrise and sunset; anthropological rhythms of the heart and the breath, of wakefulness and sleep, of collective repeated and reactivated rituals of social life; and aesthetic

ils vivent, au-delà et en deçà des mots. De fait, l'architecte ouvre un monde qu'il métamorphose en le configurant. Non comme une opération divine exceptionnelle qui a eu lieu au commencement des temps et qui s'est arrêtée à jamais, mais comme la mise en demeure toujours critique pour l'homme d'exister.

Alterhorizons

Dans un Moyen-Orient bouleversé et chaotique, les alteridentités de Beyrouth se redéploient entre territorialisation et déterritorialisation (Deleuze et Guattari). La Méditerranée, qui borde la capitale aux multiples visages sur 10 kilomètres, accueille dans son enveloppe immémoriale multiculturalité, mesure et démesure, déliance et reliance, espérance et désespérance. Le même et l'autre s'y répondent en un jeu de transformations paradoxales. Beyrouth, ville source de tant de passions, dans laquelle tout change et se transforme de manière accélérée et anarchique, présente un nouveau visage qui coexiste avec tous ceux qui l'ont précédé et ont marqué de leur empreinte ce lieu de vie pris entre permanences, flux de toutes sortes et exil, richesse et pauvreté, folie et raison, en quête de métamorphoses vivifiantes.

1 Ovide (43 av. J.-C.-17 ap. J.-C.), *Les Métamorphoses,* trad. Danièle Robert, Actes Sud, coll. « Thésaurus », Arles, 2001.
2 Maurice Merleau-Ponty, *La Nature. Notes de cours du Collège de France (1959-1961),* Le Seuil, coll. « Traces écrites », Paris, 1994.
3 Dans l'ouvrage d'Henri Maldiney, *Ouvrir le rien. L'art nu,* Encre Marine, Paris, 2000, sont développés ces différents modes d'articulations évoqués.
4 Alain Rey, *Dictionnaire historique de la langue française,* Le Robert.

rhythms of urban, landscaped and architectural spatiality.

The open

And all of the above are employed so as to undertake a sojourn in an emergence that is there, an opening capable of constructing or deconstructing the welcoming, the reception of people among each other and with the environments in which they live, both beyond and on this side of words. In fact, architects open up a world upon which they perform a metamorphosis by configuring it. Not as an exceptional and divine operation which first took place at the beginning of time and which has never since stopped, but rather as the always-critical formal notice for humanity to exist.

Alternate horizons

In a Middle East in the throes of upheaval and chaos, the alternate identities of Beirut are redeployed between territorialization and deterritorialization (Deleuze and Guattari). The Mediterranean, which borders the capital with multiple faces along a 10-kilometer stretch, welcomes within its immemorial multiculturalist envelope, measure and excess, reliance and "de-liance," hope and despair. Like and Other answer each other in the interplay of paradoxical transformations. Beirut, a city which is the source of so much passion, in which everything changes and is transformed, in an accelerated and anarchic blur, is now presenting a new visage that coexists with all those that have come before and have left their imprint on this lively place caught between permanence, flows of every kind and exile, wealth and poverty, madness and reason, in a quest for life-giving metamorphoses.

1 Ovid (43 av. J.-C.-17 ap. J.-C.), *Les Métamorphoses*, trad. Danièle Robert, Actes Sud, coll. "Thesaurus," Arles, 2001.
2 Maurice Merleau-Ponty, *La Nature. Notes de cours du Collège de France (1959–1961)*, Le Seuil, coll. "Traces écrites," Paris, 1994.
3 In Henri Maldiney's book, *Ouvrir le rien. L'art nu* (Encre Marine, Paris, 2000), he develops his ideas on these different modes of ambiguous linkages.
4 Alain Rey, *Dictionnaire historique de la langue française*, Le Robert.

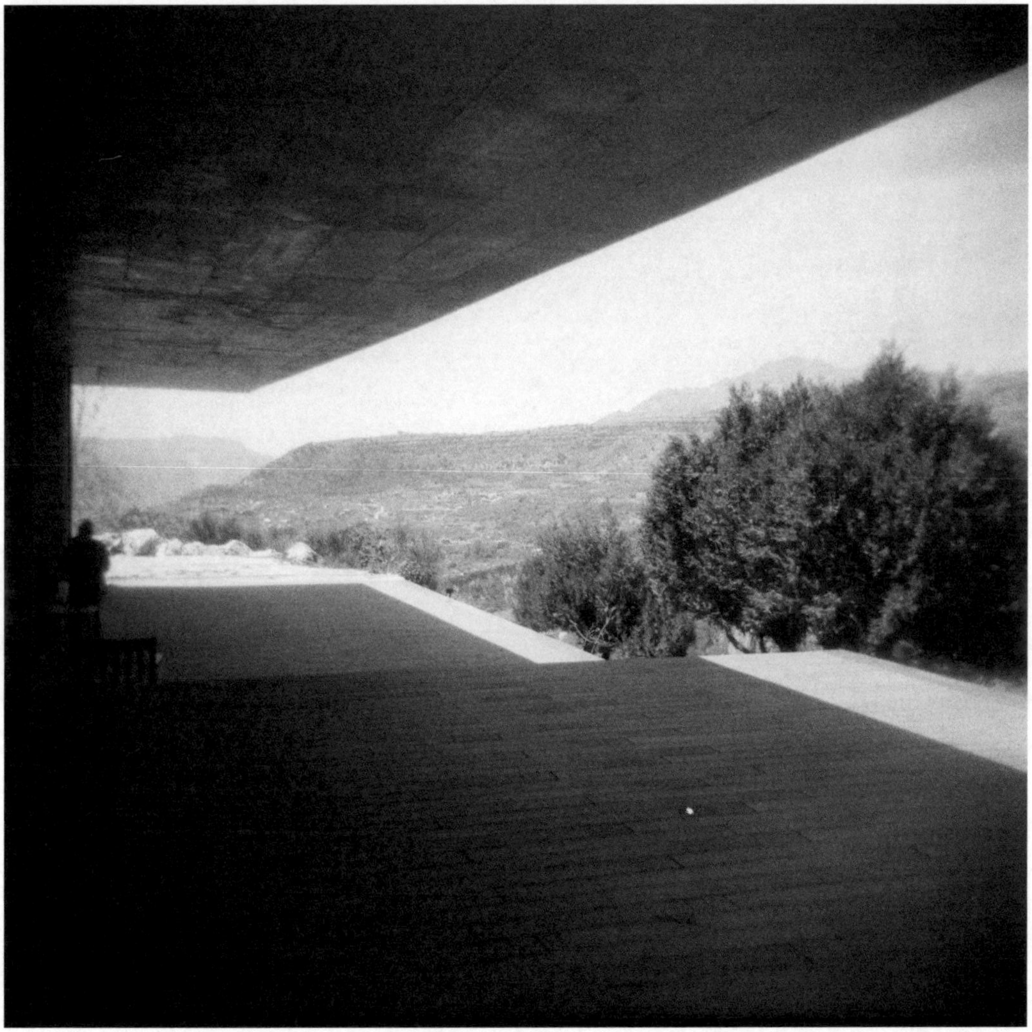

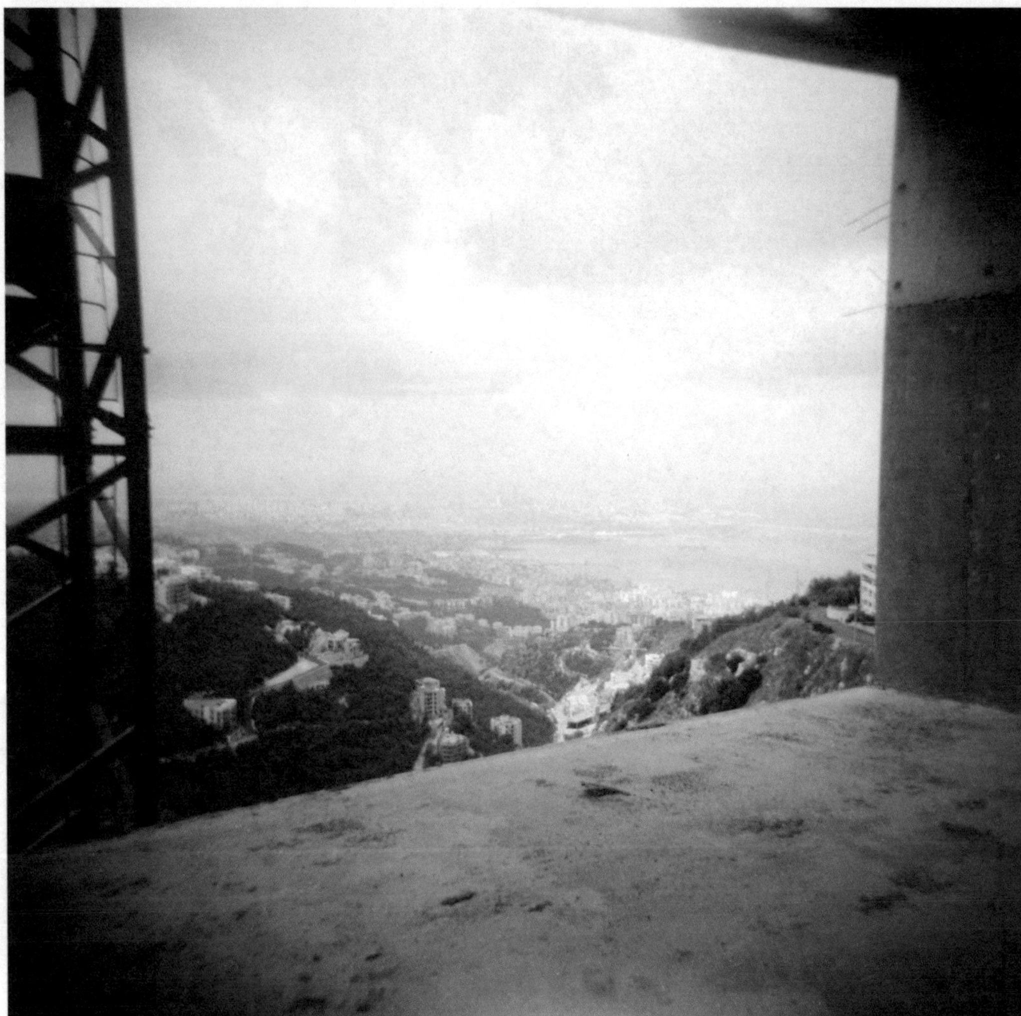

Karine Dana

Intensive Beyrouth ou la superposition des imaginaires

Intensive Beyrouth est une manière aventureuse d'entrer dans une ville : par la confrontation de points de vue. Le regard d'un architecte qui y vit et y travaille, Youssef Tohme, et celui de personnalités de la scène culturelle libanaise porté sur sa production et les conditions du territoire. Il n'est donc pas d'intention de fixer des messages directs mais de discuter le caractère ambivalent et pluriel d'une réalité, de donner à penser à partir de l'expérience d'un livre, par son ambiance, ses libertés d'association et d'interprétation. Il y a de la ville entre les pages, les images et les mots.

À travers cet ouvrage, nous avons voulu articuler une approche sensible avec une réflexion critique sur la condition contemporaine. La subjectivité et l'échange ont valeur de structure et génèrent une intériorité particulière : un livre comme un espace habité pour observer des phénomènes que seule la parole peut réunir et clarifier. Des textes comme un territoire partagé qui accepte les contradictions, le partiel et les sentiments inexpliqués... Comment parler de cette chose si « douce et violente » qu'est Beyrouth alors que tant de caricatures d'imaginaires lui préexistent ?

Le projet photographique, développé par l'artiste Ziad Antar, relate cette même intention de maintenir

Karine Dana

Intensive Beyrouth or: A collage of dream worlds

The juxtaposition of many points of view was the daring approach to encountering a city that we chose for *Intensive Beyrouth*. The book sets out the viewpoint of Youssef Tohme, an architect who lives and works there, contrasted with the viewpoints of artists on the Lebanese cultural scene, with a focus on the challenges they face under the particular conditions that currently reign. The intention is not to offer predigested messages but rather to engage in a discussion on the ambivalent and multi-faceted character of the reality of the city. Providing food for thought through the experience of a book, the ambiance it evokes, and the free and open associations and interpretations it contains, enables the reader to develop a certain appreciation of the reality of the city as it is revealed by these pages, images, and words.

Our two-fold aim is to link a sensitive, emotional approach with a critical analysis of the city's contemporary condition. The subjectivity of the exchanges provides structure and generates an interesting interiority to the book. It becomes an inhabited space in which the reader can gain greater awareness of phenomena that can only be gathered and clarified through personal testimony. Texts are like a territory, with divisions that accept contradictions, partiality

Cet essai vise à sortir de l'exaltation de la guerre et à capter la normalité d'un Beyrouth paradoxal et vécu.

ouvert un état de questionnement et de renouveler des niveaux de lecture. Vingt-cinq photographies abordent Beyrouth et quatre réalisations de Youssef Tohme. Deux visions distinctes sont développées : le point de vue de la mer pour regarder Beyrouth et celui du terrain pour saisir les constructions de l'architecte. Ainsi, des plans très larges de la ville pris depuis un bateau entrent en conversation avec des plans serrés des projets, comme des moments d'architecture à découvert. Pas de documents graphiques, mais des images béantes et peu descriptives qui font se correspondre Beyrouth et ce qui l'habite.

Cet essai vise à sortir de l'exaltation de la guerre et à capter la normalité d'un Beyrouth paradoxal et vécu. Telle une coupe mobile dans le territoire, dans le vif, pour approcher un système de société complexe où les initiatives individuelles – libérées et souveraines du fait de l'atrophie de l'État – sont constitutives d'une ville dominée par la culture du fragment et caractérisée par la quasi-absence de programmation urbaine. Sous l'influence de l'aléatoire politique, Beyrouth se développe suivant une dynamique de la nécessité, transigeante et pragmatique.
Cette forme d'urbanisme de fait, ultraréactif et très favorable au développement de la promotion immobilière, s'exerce au gré des pressions économiques et foncières, du communautarisme, mais également de la peur de la guerre qui conduit à des phénomènes de migration et de transaction imprévisibles. Alors que la lecture du territoire est aujourd'hui brouillée par tant de contingences, toute tentative de diagnostic paraît abandonnée. La ville survit toujours dans cette situation critique, à la fois forte et fébrile, par la subsistance d'une énergie de l'immédiateté.

and unexplained feelings... How can one make sense when speaking about this city that is both so "soft and violent," through the confusion of one's preexisting fantasies and nightmares about Beirut?

Artist Ziad Antar developed the photography project that illustrates this book with the same approach of open questioning and a desire to grasp the city's multiple layers of meaning. Twenty-five photographs present contemporary Beirut and four of the buildings by Youssef Tohme. To observe and record the city today, and to offer the reader a better grasp of the physical context of the architect's constructions, two distinct geographic approaches were chosen: the one of the sea and the one of the land. Extreme wide shots of the city taken from a boat are placed in dialogue with extreme close-ups of projects, offering brief moments which reveal the architecture and the ambiances it creates. In place of architectural renderings, extreme wide shots with few descriptions reveal Beirut and the relationship between the city and its inhabitants.

This essay aims to leave behind the excitement of war and to attempt to capture the paradoxical reality of the contemporary experience of daily life in Beirut. The book aims to approach this complex society through a sort of moving and deep cross-section of the land and its cultural life. It is a society where individual initiative—enjoying free reign in the shadow of an atrophied nation state—is the main force producing the city in a context overwhelmed by cultural fragmentation and characterized by an almost total absence of urban planning. Under the unpredictable influence of politics, the dynamics of pragmatic and negotiated necessity are driving Beirut's development.

Nous nous sommes détournés d'une approche catastrophiste et stéréotypée pour considérer la ville par ses singularités exacerbées et non comme une cité traumatisée à recomposer : Beyrouth, surtout pas selon ses ruines mais comme une centaine d'imaginaires superposés les uns sur les autres, en rupture avec la pensée unique et sélective, que le mot « reconstruction » centralise. *Intensive Beyrouth* convie et légitime une réflexion baroque, comme une manière de réfléchir avec le dissemblable, le dérèglement et l'actif. Et, bien au-delà de toute politique urbaine, Beyrouth se construit au jour le jour selon le pouvoir ou le désenchantement de ses activités humaines. Il y a au Liban une avidité permanente à construire, que rien ne peut arrêter. Non, Beyrouth n'est pas une ville-objet.

Dans ce scénario délicat, quelle est la légitimité de l'architecte ?
Youssef Tohme est l'un des architectes les plus influents du Liban d'aujourd'hui. Il veut contribuer à rouvrir le débat sur l'architecture, stoppé dans les années 1970 et tant animé dans les années 1950 et 1960. Contemporain des architectes Bernard Khoury, Nabil Gholam ou encore Raëd Abillama, Tohme défend une approche du projet comme dispositif relationnel, cherchant à produire les conditions du vide, de l'échange, du rêve. Il comprend le Liban comme un territoire épaissi par ses fêlures, un monde presque réflexe, organique, constitué de réactions épidermiques : on détruit, on bâtit, on s'agglomère, on réagit toujours en relation à un acte précédent. Ainsi la ville se fabriquerait-elle par à-coups, par contradictions et accidents, par affects plutôt que selon le principe de permanence. Dans cette dynamique d'obstruction et d'accumulation, que peut-il se jouer par l'architecture ? « L'architecture est ma manière de faire face à la guerre », résume Tohme, qui envisage toute situation bâtie dans son pouvoir à nous faire prendre position, à nous relier, à nous transformer. Cette occasion du déplacement de soi, de la métamorphose repose sur une recherche transversale essentielle à toutes les opérations de

Beirut is clearly a city that refuses to play the role of a bauble in a display case.

This form of hyper-reactive, de facto urbanism favors the wheeling and dealing of real estate developers, who operate under the pressure of fluctuating economics, demographics, religious communities, and the always present fear of the outbreak of war. All these forces lead to unpredictable phenomena of migration and negotiation. Because the ability to grasp the organization of the territory is blurred by so many shifting factors, all attempts to diagnose the situation seem to have been abandoned. The city lives in this continuously critical state, simultaneously strong and feverish, subsisting on the energy of immediacy.

We eschewed a catastrophic or stereotypical approach, in order to contemplate the city across all of its extreme singularities, rather than as a traumatized city waiting to be recomposed. We especially did not wish to show Beirut though the filter of its ruins. Instead, we offer a layering of a hundred individual, superimposed imaginary worlds, breaking with the habitual single and selective mindset whose watchword is "reconstruction." *Intensive Beyrouth* invites and legitimizes a baroque sort of contemplation, a way of reflecting on what is dissimilar, unbalanced, and active. Outside the purview of any urban policy, Beirut is built one day at a time, according to whether its human activities flourish or disappoint. In Lebanon there is a permanent, unstoppable drive to build, and Beirut is clearly a city that refuses to play the role of a bauble in a display case.

l'architecte : la construction du silence comme projet architectural. Transportée de projet en projet, cette quête a une consonance particulière au Liban, où les proximités sont si fortes, les possibilités de distance et d'écart menacées, où la pratique de la discontinuité et de la superposition est poussée à l'extrême.

Expérience de l'indéterminé et du possible, le silence signifie ici retour au spatial, comme potentiel de recul, d'échappement comme de rapprochement. Les architectures de Tohme sont constituées de vides libératoires, elles peuvent toutes être abordées comme des *soundscapes,* pour reprendre l'expression du musicien et théoricien Robert Murray Schafer, et chaque habitant y est d'abord un audio-habitant. Le son y occupe différentes fonctions selon le degré d'ouverture des espaces, la continuité des surfaces béton, la profondeur des intérieurs. Il est parfois question de vide silencieux favorable à la socialisation, comme dans l'université Saint-Joseph implantée en plein Beyrouth le long de l'ancienne ligne de démarcation, de résonance amplifiée, comme dans la villa SC située à 1 500 mètres d'altitude dans le village d'Akoura sur la chaîne du Mont-Liban, où le bruit d'un ruisseau invisible constitue un hors-champ intrigant... Dans la villa T à Kornet Chehwane, en surplomb de la ville, les très amples surfaces de béton brut conduisent de manière fluctuante la matière sonore mi-urbaine, mi-naturelle. En effet, les surfaces de planchers, trapézoïdales plutôt que rectangulaires, participent d'une désorientation de l'habitant, tant sonore que visuelle. La villa T est certainement une expérience de l'inquiétude. Et dans chacun des projets de Tohme, l'expérience spatiale sert une subjectivisation de la ville et de la nature.

In this fragile context, do architects have a legitimate role to play?
Youssef Tohme is one of the most influential architects in Lebanon today. He wants architecture to once again be the focus of interest and debate, which, though silenced in the 1970s, was so lively in the 1950s and 1960s. A contemporary of the architects Bernard Khoury, Nabil Gholam, and Raëd Abillama, Tohme advocates approaching projects as relational arrangements, and seeks to create conditions that foster voids, exchange, and dreamlike ambiances. He sees Lebanon as a territory whose skin has been thickened by its rifts and fissures, an almost reflexive and organic world, structured by its epidermal reactions. Destruction, construction, and agglomeration: every action taken is always linked in some way to a prior action. The city is always being built in fits and starts, a series of contradictions and accidents, inspired more by emotions than the principle of permanence. In this dynamic of obstruction and accumulation, is there any meaningful role that architecture can play? "Architecture is my way of dealing with the war," Tohme states succinctly. The architect envisages every built situation as a lever to force us to take a position, to bind us together, or to transform us. This opportunity of shifting one's mindset, of metamorphosis, is based on the transversal quest that is key to all the architect's projects, i.e. to build silence as his architectural project. From one project to the next, this quest has a particular resonance in Lebanon, where the density is so great, the possibilities of creating distance and gaps so threatened, and where the practice of discontinuity and superposition is taken to the extreme.

À l'homme de trouver sa manière d'habiter dans des milieux jamais complètement ouverts, souvent adossés et toujours sous tension.

Jamais surdéterminées au plan formel, ses constructions sont abordées comme des structures de perception. Elles reposent sur des dispositifs spatiaux très clairs et étendus, et entretiennent chacune des relations secrètes et troubles avec Beyrouth : des relations de transcendance et d'appel. Pour l'architecte, il n'est ainsi jamais question d'ajouter de l'agitation mais de concentrer les sensations et réflexions autour de situations fortes : le grand vide cotonneux de l'université Saint-Joseph (conçue avec l'agence 109 Architectes) et les escaliers-gradins menant à la toiture-terrasse où Beyrouth apparaît autrement après cette immersion dans l'accalmie ; l'usage bivalent d'un patio dans la villa SC créant une double mémoire entre le vide de la vallée et la contiguïté de la roche ; le parcours intimidant proposé dans la villa T face à un Beyrouth qui semble miniaturisé ; la provocation du vide dans la villa M agrippée à une falaise depuis laquelle Beyrouth apparaît comme une gentille petite baie... À l'homme de trouver sa manière d'habiter dans des milieux jamais complètement ouverts, souvent adossés et toujours sous tension.

Abordé comme une interface avec l'inattendu, l'extérieur des bâtiments est caractérisé par une fonction de suspens. Dans l'université Saint-Joseph, les failles des grands volumes nous préparent au choc du silence. Dans la villa SC, que nous dit ce muret de pierre sur sa capacité à contenir de l'excessif, à accueillir un espace habité dans lequel la montagne semble littéralement aspirée ?

Here, silence, the experience of the indeterminate and the possible, signifies a return to the spatial as potential for distance, for escape as well as rapprochement. Tohme's buildings are composed of liberating voids, and, in the words of musician and theoretician Robert Murray Schafer, can be experienced as soundscapes. Each inhabitant is first of all an "audio-inhabitant." Sound fulfils different functions depending on the degree of openness of the spaces, the continuity of their concrete surfaces, and the depth of their interiors. Sometimes, such a silent void is conducive to socializing, as is the case with his St Joseph University campus, located in the center of Beirut, along the former demarcation line. In other cases, sound is amplified, as with the Villa SC, standing at an altitude of 1,500 meters in the village of Akoura on the Mount Lebanon range, where the gurgling of an invisible brook makes for an intriguing natural, off-stage effect... In the Villa T overlooking the city in Kornet Chehwane, the very broad surfaces, in raw concrete material, cause a fluctuation rendering a half-urban half-natural sound. The surfaces of the floors—trapezoidal in shape, rather than rectangular—anticipate the occupant's disorientation, both visual and with regard to the perception of sound. The Villa T definitely generates a feeling of unease. In fact, in each of Tohme's projects, the spatial experience serves to subjectivize nature and the surrounding city.
Never overdetermined on a formal level, his projects are approached as structures for perception. They rest upon very clear and extended spatial arrangements, and each maintains a secret and blurred relationship with Beirut—relationships that are always transcendent and inviting. For the architect, it is never a question of adding to the existing agitation, but rather of concentrating sensations and reflections into powerful situations: the immense, cottony void of St Joseph University (designed with the office of 109 Architectes) and the bleacher-staircases leading to a roof terrace where the view of Beirut is so different, immediately following the sense of immersion felt in the calm of the void. The layout of a two-level patio in the villa SC leaves one with the dueling memory

Cette recherche de confrontation qu'affectionne l'architecte repose sur une volonté de corps-à-corps entre le bâti et l'au-dehors, quelle qu'en soit sa nature. Une sorte de défi lancé à l'espace extérieur qui doit rester à distance afin que se jouent de nouveaux échanges avec l'en-dedans. Et c'est une fois contenu dans l'espace habité que le dehors peut sembler plus vaste encore. Par ce soin apporté à la préparation au trouble, à l'altérité et au basculement se joue pleinement la radicalité de l'architecte : la croyance que l'architecture est une aventure. Il y a du soudain, du presque, du peut-être dans les architectures de Tohme, qui aime à créer des amorces, des détonateurs d'émotions par l'espace sans pour autant rassurer les consciences. Le béton coulé en place est utilisé pour réaliser ces quatre projets. Ce matériau exprime une quête d'ubiquité et de brouillage : sol, plafond, paroi, rampe, terrasse, cage, champ constituent autant de surfaces continues. Cependant, la structure n'est pas seulement raisonnée comme un système d'enveloppe et de voile, mais d'espace à construire autour et entre ce qui est vivant. La qualité des mises en œuvre, la régularité des parois béton ou leur hétérogénéité, les efforts structurels deviennent une façon d'établir des liens : éloigner ou resserrer des points de vue, amplifier des vibrations, entraîner le regard, encourager le contact, favoriser des formes d'assises, lier, isoler.

The search for confrontation, which the architect so appreciates, is driven by his determination to force the building to engage in hand-to-hand combat with the outside.

of the void of the valley on one side and the contiguity of rock on the other; the intimidating flow through the Villa T overlooks a seemingly miniaturized Beirut; the provocation of the void in the Villa M, which clings to a cliff from which Beirut looks like a peaceful little bay. It is up to the occupants to find their way of living in each of these environments, which are never fully open, often leaning against, placed atop or clinging to something else, and always in tension. Approached as an interface with the unexpected, the exteriors of his buildings are characterized by their function of generating suspense. In St Joseph University, the fractures in the great volumes set us up for the shock of their silence. In the Villa SC, what does this little stone wall tell us about its ability to contain excess, to welcome an inhabited space which literally seems to aspirate the mountain?

The search for confrontation, which the architect so appreciates, is driven by his determination to force the building to engage in hand-to-hand combat with the outside, whatever its nature might be. It is a sort of challenge, like throwing down the gauntlet to the space outside, which must remain at a distance to enable the interplay of new exchanges with the interior. And it is when one is inside the inhabited space that the outside can seem even vaster. This careful preparation of users and occupants for blurring, otherness and tipping into new emotional states, all attest to the radicality of the architect, to his belief that architecture is an adventure. Suddenly there is the *almost*, the *perhaps*, in Tohme's buildings, who loves to set up fuses and prime pumps, to create detonators of emotion with space, without in so doing attempting to soothe consciences.

C'est continuer de croire que les hommes sont constitués d'espace.

Par les transformations de la perception et de la conception du monde qu'ils suscitent, les projets de Tohme ont un potentiel phénoménologique qui, au Liban peut-être plus encore qu'ailleurs, contient une énergie critique particulière du fait de l'intensité des paysages et de la ville.

Cette croyance d'un monde possible usant de l'architecture comme puissance de rêve, comme force de dialogue ou d'émotions nous parle d'un impératif humaniste, d'un impératif sensible. C'est le centre de l'engagement de Youssef Tohme, dont l'optimisme et la naïveté revêtent une valeur d'opposition. Légitimer ainsi l'ambiguïté et le relationnel, parvenir à prescrire la nuance est un combat difficile contre l'extrême violence du démonstratif et du symbolique, et contre l'inertie idéologique qui s'impose dans des situations de conflits si durables.

Dans sa tentative de nous faire ressentir comment le monde nous touche, il y a chez cet architecte, d'abord, de l'imaginaire, des « idées qui rêvent ». Une manière de voir qui ne fige rien mais vise à combiner ressenti, intuition et pensée. Que signifie être architecte aujourd'hui à Beyrouth ? Être cynique ? Amnésique ? Impertinent ? Pas forcément. C'est être capable de sortir du réel tout en restant à l'intérieur. C'est continuer de croire que les hommes sont constitués d'espace.

Concrete poured on site was utilized to create these four projects. This material expresses the ubiquity of blurring—of the floor, ceiling, wall, ramp, terrace, stairwell, and field—which constitutes so many continuous surfaces. However, the structure is not only thought out as a system of envelope and shell, but also as space to be built around and between what is living. The quality of implementation, the regularity or heterogeneity of the concrete walls, the structural stresses, become a way of setting up links, of pushing back or bringing closer points of view, amplifying vibrations, guiding the gaze, encouraging contact, and privileging forms of seating, linking, and isolating.
Through the transformation of perceptions and the conception of the world they engender, Tohme's projects have a phenomenological potential, which contains—perhaps in Lebanon more than elsewhere—a particular critical energy, due to the intensity of its landscapes and cities.
His belief in a world made possible by using architecture as a lever to generate dreams, and as a force for fostering dialogue and kindling emotions, reveals a palpable humanist imperative. It is the focus of this architect's engagement. One can construe Youssef Tohme's optimism and naiveté as being in opposition. To legitimate ambiguity and relationships, while succeeding in promoting nuance, as he does through his work, is a daily combat against the extreme violence of the demonstrative and the symbolic, and against the ideological inertia that settles over enduring situations of conflict like a leaden shroud.
In his attempt to get us to sense how we are touched by the world, Tohme evinces first of all a powerful imagination, "ideas that dream." A way of seeing that freezes nothing but that aims instead to blend feeling, intuition, and thought. What does it mean to be an architect in today's Beirut? Must one be cynical, or amnesiac, or insolent? Not necessarily. But what it does mean is being able to step out of reality while still keeping one foot in. It means continuing to believe that people are structured by space.

Karine Dana
Architecte de formation, Karine Dana a occupé le poste de chef de rubrique pour la revue *AMC Le Moniteur* jusqu'en 2011. Elle travaille aujourd'hui comme auteur et journaliste indépendante et collabore régulièrement aux revues *D'architectures* et *Archicréé*. Pour le commissariat de la Biennale Agora 2014, dont le sujet est l'espace public, elle réalise et monte une trentaine d'interviews filmées tant d'architectes que d'activistes urbains. Par ailleurs, elle travaille au scénario et à la réalisation d'*Architectural Dreams*, un film coproduit par aaa Production et Orjouane Production sur les architectures de Youssef Tohme et ce qu'elles suscitent chez leurs habitants.

Ziad Antar
Né en 1978 à Saïda au Liban, Ziad Antar est cinéaste et photographe. Il a étudié l'ingénierie agricole à l'Université américaine de Beyrouth, avant de se tourner vers la vidéo et les arts, qu'il approfondit à Paris lors d'une résidence au Palais de Tokyo et d'un post-diplôme à l'École nationale supérieure des beaux-arts.
Les courts-métrages de Ziad Antar évoquent un monde en conflit à travers un ton enjoué. À la fin de la guerre du Liban de 2006, Ziad Antar produit *La Marche turque*, dans lequel l'image montre les mains d'un pianiste jouant une partition de Mozart alors que le son martelé rappelle un bombardement. En 2002, il réalise un film documentaire consacré à son mentor, le photographe Jean-Luc Moulène. En 2000, il acquiert un Kodak Reflex datant de 1948 et dix rouleaux de films noir et blanc qui étaient expirés depuis 1976. En travaillant à partir de ce matériel, il produit un effet de flou et presque d'abstraction sur ses photographies.

Marc Touitou
Marc Touitou vit et travaille à Paris, et pas seulement, le plus souvent en tant que graphiste. Il travaille avec des artistes ou des institutions culturelles sur des contenus qui participent à penser le monde : Jean-Luc Moulène, Ziad Antar, Akram Zaatari, Suzanne Lafont, Jeanne Susplugas, Steve McQueen, Corinne Diserens, Yasmil Raymond de la DIA, les éditions des Beaux-Arts de Paris, Manuel Joseph, Santu Mofokeng, José Damasceno, Olivier Menanteau, Octopus Notes. Il y a comme une vie après avoir été à la direction artistique du journal *Le Monde*.

Ziad Abillama
Ziad Abillama est né en 1969 au Liban. Il a étudié à la Rhode Island School of Design et à l'Amherst College aux États-Unis, pays dans lequel l'artiste déclare avoir eu l'occasion de renaître lors de la première guerre du Golfe. En 1991, il retourne au Liban où il vit et travaille aujourd'hui. En 2011, il collabore à l'installation *L'Avenir d'une promesse* à l'occasion de la 54e Biennale de Venise. Son œuvre *Arabes (Untitled)* de 2011 met en scène l'effondrement de la dialectique entre soi et l'autre, à la dernière étape de l'impérialisme occidental. « Ce n'est pas un moment historique, mais une crise de la philosophie, au-delà de la politique. »

Karine Dana
An architect by training, Karine Dana was the sections editor for *AMC Le Moniteur* until 2011. She currently works as an independent author and journalist, and is a regular contributor to *D'architectures* and *Archicréé*. For her curatorship of the Agora Biennale 2014, whose subject is the public space, she conducted some thirty filmed interviews with architects and urban activists. She is also scripting and directing *Architectural Dreams*, a film coproduced by aaa Production and Orjouane Production on the architecture of Youssef Tohme, and what the inhabitants of his buildings think about them.

Ziad Antar
Born in 1978 in Saïda, Lebanon, Ziad Antar is a cineaste and photographer. He studied agricultural engineering at the American University of Beirut, before focusing on video and the arts, which he further developed in Paris during a residency at the Palais de Tokyo, and via a post-graduate diploma from the École nationale supérieure des beaux-arts.
Ziad Antar's short films evoke a world in conflict presented in cheerful tones. At the end of the war in Lebanon in 2006, Ziad Antar produced *La Marche turque*, which shows a pianist's hands playing a partition by Mozart, where their pummeling of the piano keys recalls a bombardment. In 2002, he directed a documentary dedicated to his mentor, the photographer Jean-Luc Moulène. In 2000, he acquired a Kodak Reflex dating from 1948 and ten rolls of black-and-white film that had expired in 1976. Through his work with this equipment, he achieved a blurred, almost abstract effect in his photographs.

Marc Touitou
Marc Touitou lives and works in Paris, most often as a graphic designer. He works with artists and cultural institutions on content that contributes to our reflections on the world: Jean-Luc Moulène, Ziad Antar, Akram Zaatari, Suzanne Lafont, Jeanne Susplugas, Steve McQueen, Corinne Diserens, Yasmil Raymond of the DIA, éditions des Beaux-Arts de Paris, Manuel Joseph, Santu Mofokeng, José Damasceno, Olivier Menanteau, Octopus Notes. His life is now resuming after working in the art department of the French newspaper of record *Le Monde*.

Ziad Abillama
Ziad Abillama was born in 1969 in Lebanon. He studied at the Rhode Island School of Design and at Amherst College in the United States, the country where the artist declares he experienced a rebirth during the first Gulf War. In 1991 he returned to Lebanon, where he now lives and works. In 2011 he collaborated on the installation *L'Avenir d'une promesse* on the occasion of the 54th Venice Biennale. His work *Arabes (Untitled)*, 2011, is a staging of the collapse of the dialectic between Self and Other, in late-stage Western imperialism. "This is not a historic moment, but rather a crisis, one beyond politics, one of philosophy."

Tony Chakar
Né à Beyrouth en 1968, Tony Chakar est architecte et écrivain. Parmi ses derniers projets *The Eighth Day* (2008), une conférence-performance ; *The Sky Over Beirut* (2009), une série de tours guidés dans la ville coproduits par Ashkal Alwan ; *An Endless Quick Nightmare* (2011), pour la Biennale internationale d'art contemporain de Colombie ; *One Hundred Thousand Solitudes* (2012), présenté à Beyrouth, Berlin et Athènes ; *The Space of Nūn* (2013), conférence-performance ; *The Dialogue That Is Us* (2013) pour la Biennale de Sharjah.
Il est l'auteur de nombreux articles dans des revues d'art et d'architecture et enseigne l'histoire de l'art et de l'architecture à l'Académie libanaise des beaux-arts (ALBA), au sein de l'université de Balamand.

Hazem Saghieh
Hazem Saghieh, né en 1951, a travaillé à Beyrouth comme chroniqueur pour le journal *As-Safir* entre 1974 et 1988, et collabore depuis 1988 au journal *Al-Hayat,* basé à Londres. Il est l'auteur de nombre d'ouvrages qui traitent de politique et de culture au Moyen-Orient, dont *The Baath of Iraq, The Arabisation of the Lebanese Kataiib Party, The Nationalist Pioneers of the Arab Mashreq, The Predicament of the Individual in the Middle East,* édités pour la plupart chez Saqi Books.

Chris Younès
Docteur et HDR (habilitée à diriger les recherches) en philosophie, psychosociologue, Chris Younès est professeur à l'École nationale supérieure d'architecture de Paris la Villette et à l'École spéciale d'architecture. Directrice du laboratoire Gerphau (philosophie, architecture, urbain) au CNRS et responsable du réseau international PhilAU, elle est également membre du conseil scientifique d'Europan. Ses travaux et recherches développent une interface architecture et philosophie sur la question des lieux de l'habiter, au point de rencontre entre éthique et esthétique ainsi qu'entre nature et artefact.
Parmi ses ouvrages, elle assure la direction de *Habiter, le propre de l'humain* (avec Thierry Paquot et Michel Lussault), La Découverte, 2007 ; *Architecture des milieux* (avec Benoît Goetz), Le Portique, 2010 ; *Philosophie de l'environnement et milieux urbains* (avec Thierry Paquot), La Découverte, 2010 ; *Espace et Lieu dans la pensée occidentale. De Platon à Nietzsche* (avec Thierry Paquot), La Découverte, 2012 ; *Perception, architecture, urbain* (avec Xavier Bonnaud), Infolio, 2014.

Tony Chakar
Born in Beirut in 1968, Tony Chakar is an architect and a writer. His most recent projects include *The Eighth Day* (2008), a lecture-performance; *The Sky Over Beirut* (2009), a series of guided tours in the city, co-produced with Ashkal Alwan; *An Endless Quick Nightmare* (2011), for the International Biennale of Contemporary Art, Cartagena, Colombia; *One Hundred Thousand Solitudes* (2012), presented at Beirut, Berlin, and Athens; *The Space of Nūn* (2013), lecture-performance; and *The Dialogue That Is Us* (2013) for the Sharjah Biennale.
He has authored numerous articles in architectural reviews and teaches the history of art and architecture at the Lebanese Academy of Fine Arts (ALBA), of the University of Balamand.

Hazem Saghieh
Born in 1951, Hazem Saghieh worked in Beirut as a columnist for *As-Safir* newspaper from 1974 to 1988, and since then has been contributing to the news daily *Al-Hayat,* based in London. He has authored a number of books on the politics and culture of the Middle East, including *The Baath of Iraq, The Arabisation of the Lebanese Kataiib Party, The Nationalist Pioneers of the Arab Mashreq,* and *The Predicament of the Individual in the Middle East,* for the most part published by Saqi Books.

Chris Younès
A Doctor of Philosophy, Chris Younès is HDR (research director), psychosociologist, and professor at the École nationale supérieure d'architecture de Paris la Villette and at the École spéciale d'architecture. She is also director of the Laboratoire Gerphau (philosophy, architecture, urbanism) at the CNRS, head of the international network PhilAU, and a member of the Scientific Council of EUROPAN. Her work and research is focused on developing an interface between architecture and philosophy on the issue of dwelling places, at the point where ethics and aesthetics, as well as nature and artifact, intersect.
Among her projects and books, she has directed *Habiter, le propre de l'humain* (with Thierry Paquot and Michel Lussault), La Découverte, 2007; *Architecture des milieux* (with Benoît Goetz), Le Portique, 2010; *Philosophie de l'environnement et milieux urbains* (with Thierry Paquot), La Découverte, 2010; *Espace et Lieu dans la pensée occidentale. De Platon à Nietzsche* (with Thierry Paquot), La Découverte, 2012; *Perception, architecture, urbain* (with Xavier Bonnaud), Infolio, 2014.

Nous adressons nos plus vifs remerciements à :
Roger Akoury, Abraham Karabajakian, Sonia Bensaïd-Tohme, Anastasia Aelrouss, Adib Dada, Paul Khodr, Daniel Guibert, Frédéric Herlaut, Jean-Pierre Couriol, Véronique Ridel, Christelle Chalumeaux, Gladys Joujou, Minerve Malialin, Maryse Quinton.

We extend our warmest thanks to:
Roger Akoury, Abraham Karabajakian, Sonia Bensaïd-Tohme, Anastasia Aelrouss, Adib Dada, Paul Khodr, Daniel Guibert, Frédéric Herlaut, Jean-Pierre Couriol, Véronique Ridel, Christelle Chalumeaux, Gladys Joujou, Minerve Malialin, and Maryse Quinton.

« *Intensive Beyrouth* est probablement le titre le plus approprié pour parler de Beyrouth. En plus de n'avoir jamais bénéficié de l'initiative d'un pouvoir politique central, puissant et visionnaire, Beyrouth a subi le martyre de toutes sortes de guerres. Il est courant d'évoquer cette résilience propre aux Libanais que certains qualifient de ténacité et d'autres d'inconscience. Ces deux attitudes extrêmes cohabitent.
L'énergie de Beyrouth s'est toujours maintenue. Portée par ses habitants, cette ville s'est également pliée à leurs goûts souvent inspirés de cultures très différentes, créant ainsi un *patchwork* d'une singulière nature.
Le point de vue défendu dans ce livre a inspiré la société KA qui a souhaité apporter son soutien. Par son activité, KA promeut des artistes libanais et du Moyen-Orient. L'idée nous est venue d'une simple constatation : l'absence de musées d'art contemporain à Beyrouth. En m'associant à mon ami Abraham, qui apporte son expertise, nous avons créé l'espace KA qui n'a pas la prétention d'être un musée mais qui en a l'âme. »
Roger Akoury

"*Intensive Beyrouth* is probably the most appropriate title for a discussion of Beirut. In addition to never benefiting from a powerful and visionary central political authority, Beirut has suffered bloodshed wrought by every type of warfare. It is a common occurrence to hear talk about this resilience which is specific to the Lebanese, and which some describe as tenacity while others call recklessness; but these two extreme attitudes live side by side.
The energy of Beirut is still there. Carried by its inhabitants, this city has generally bowed to their tastes, often inspired by very different cultures, which has resulted in a patchwork of a singular nature.
The point of view defended in this book was inspired by KA Company, which wished to lend its support. KA's actions promote Lebanese artists and artists from the Middle East. The idea occurred to us after the simple observation that there are no contemporary art museums in Beirut. Through the association I formed with my friend Abraham, who provides his expertise, we have created the KA space, which has no pretentions of being a museum, but which does possess the soul of one."
Roger Akoury

Direction d'ouvrage : Karine Dana
Coordination éditoriale : Matthieu Flory
Révision : Lorraine Ouvrieu
Conception graphique, maquette et mise en pages : Marc Touitou

Book direction: Karine Dana
Coordination: Matthieu Flory
Translated from the French by Gammon Sharpley
Copyediting: Babel Editing
Design and typesetting: Marc Touitou

KA modern & contemporary **art collection**

ISBN 978-2-9155-4261-5

Éditions Norma
149 rue de Rennes 75006 Paris France
www.editions-norma.com

Achevé d'imprimer en août deux mille quatorze par Chirat, France